競馬　伝説の名勝負

2000-2004　ゼロ年代前半戦

小川隆行＋ウマフリ

星海社

200

SEIKAISHA SHINSHO

はじめに

シドニー五輪が開催され、日本シリーズでON対決が実現した20世紀のラストイヤー。競馬界に1頭の名馬が出現した。〝史上最強馬〟シンボリルドルフのGⅠ・7勝に肩を並べた名馬、テイエムオペラオーである。クラシック制覇は皐月賞のみだった同馬だが、春の天皇賞・宝塚記念・秋の天皇賞・ジャパンC・有馬記念とGⅠ・5勝を挙げるなど1年間負け知らず。年間獲得賞金10億円という偉業を成し遂げた。

取引価格1050万円の馬が、全盛期を迎えていた社台グループの高馬を打ち負かす姿を、痛快と感じたファンも少なくなかった。

国際表記に沿って馬齢が4歳馬→3歳馬と変更された翌年、テイエムオペラオーが引退すると競馬界は再び社台グループの1強時代となり、現代に続く土台が築かれていった。マンハッタンカフェやダイワメジャー、ゼンノロブロイなどサンデーサイレンスの直仔たちがGⅠを勝ち続け、さらにはキングカメハメハも登場。今日の枠順に数多く登場する父馬たちの現役時代にタイムスリップしてみよう。

小川隆行

目次

第4章 史上2頭目となる牝馬三冠馬　2003年

本書における競走馬の年齢表記は、特に断りがない限り、その時代の表記としています。各馬のデータは2021年8月末日現在のものです。

写真　フォトチェスナット、日刊スポーツ新聞社、アフロ、成瀬琴

第1章 世紀末覇王の快進撃 2000年

2000

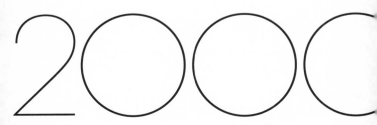

2000年
有馬記念

テイエムオペラオー

史上2頭目のGI・7勝馬が持ち合わせた「古き良きもの」

テイエムオペラオーほど、実績に見合う名声を得られていない馬はいないのではないか。

GI・7勝、獲得賞金18億3518万9000円という数字は、近年になってアーモンドアイやキタサンブラックに破られてしまったが、長きにわたり日本競馬界の金字塔であった。4歳（旧馬齢表記で5歳）時の2000年には年間無敗の8連勝、うちGIを5勝。空前絶後の記録を打ち立てながら、なぜか評価は今ひとつ。「名馬」や「史上最強馬」を選ぶランキングの類でも、順位が振るわない。

少々古いが、手元にある資料『ニッポンの名馬―プロが選ぶ伝説のサラブレッドたち』（朝日新聞出版／2010年）を開いてみれば、なんと20位の低評価である。記者、識者、関係者など競馬をよく知る120人のプロたちが第1位〜3位を選出し、1位＝3点、2位＝2点、3位＝1点として集計したランキングで、オペラオーはたった「3点」を得るのみだ。

ちなみに1位はディープインパクト（112点）、2位シンボリルドルフ（71点）、3位オグリキャップ（61点）。10年ほど前の企画なので近年の名馬は登場しないが、オペラオーの過小評価ぶりを確認するには十分すぎる内容だ。本文中の扱いも、17文字×12行のわずかな紙幅にとどまっている。

ドラマ性がないわけではない。セリのファーストコールで落札された1050万円の馬（竹園正繼オーナーに競りかけてくる者は一人もいなかった）が大活躍して18億円以上を稼ぎ出すという物語には夢があるし、当時、大旋風を巻き起こしていたサンデーサイレンス産駒とは真逆の個性も注目に値した。日本のスピード競馬では不利とされる重めの欧州血統。馬名も、社台系のスタイリッシュな響きとは違って昭和的な味わいである。また、岩元市三調教師と和田竜二騎手の堅い師弟関係も、リーディング上位のフリー騎手や外国人騎手へのビジネスライクな乗り替わりが増えつつあった当時において〝人情噺〟として好意的に語られていた。

思えば、オペラオーの物語を紡ぐエピソードの数々には、時流に逆行するような「古き良きもの」が色濃く滲んでいたのだ。連勝を重ねて「現役最強」「国内に敵なし」と言われながら海外挑戦には目もくれず、国内での戦いに専念したこともその一端だろう。

こうした保守的なイメージに加え、レコードや大差勝ちといった派手なパフォーマンスとは無縁なレースぶりも影響して、オペラオーは「地味な名馬」と揶揄されるようになった。クラシック戦線で取りこぼしが多く一冠に終わっていること、古馬になってからも負かした相手が同じような顔ぶれだったことなども低評価につながっている。

しかし、勝ち続けることの難しさを一番よく知っているのもまた、我々競馬ファンだ。オペラオーが00年に残した年間8戦8勝というパーフェクトな成績は、ディープインパクトも、シンボリルドルフも、ナリタブライアンも成し得なかった偉業である。

前年（99年）、皐月賞V、ダービー3着、菊花賞2着でクラシック戦線を終え、年末の有馬記念で初めて古馬の超一線級と相対し3着と健闘。1つ上である〝最強世代〟のグラスワンダー、スペシャルウィークの激闘に肉薄した。

この一戦でオペラオーは、これまで同じ世代のライバルからは得られなかった〝何か〟を得たのかもしれない。覚醒したかのように、翌00年は破竹の快進撃。京都記念、阪神大賞典で同期ナリタトップロードとの勝負づけを済ませると、天皇賞・春から有馬記念までの王道GIを完全制覇してみせたのだ。そのすべてが1番人気にキッチリ応える完璧な内容である。勝てば勝つほど他陣営からのマークが厳しくなるなか、当時23歳の若武者・和田竜二は、持ち前の度胸と、オペラオーとの信頼関係でそれを撥ね退けた。

春秋の天皇賞に、宝塚記念、ジャパンCと輝くタイトルを総ナメにして臨んだ有馬記念。挑戦者の立場だった前年とは違い、今度は〝絶対王者〟として迎え討つ立場である。

全馬が敵だった。絶好のスタートを切ったが、すぐに包囲網を形成され、前後左右にぴったりと他馬が張りつく展開。馬群の奥に押しやられてしまう。勝負どころでも動くに動けず、直線に向いた時点でまだ馬群の最後方だ。中山の直線は短い。万事休す、か——。

否、ここからが本領発揮とばかりに、オペラオーはわずかな隙間を突いて脚を伸ばす。グイグイと馬群を割り、残り数十m。凄い気迫で前の馬を捉え先頭に立つと、〝競ったら絶対に負けない〟オペラオーの勝負根性がここでも炸裂。外から迫るメイショウドトウをハナ差抑えてゴール板を駆け抜けた。秋のGIグランドスラムは史上初。20世紀の日本競馬は、テイエムオペラオーによる空前絶後の記録で幕を閉じたのだった。

さまざまなインタビュー記事を見ると、厩舎関係者は口をそろえて「賢い馬だった」「頭がいい馬だった」と語っている。派手さのない勝ちぶりは、まさしく賢さの表れなのだろう。レコードも、大きな着差も無用。何が「勝ち」なのか、どう動けば勝てるのか——オペラオーは、競馬の何たるかを完璧に理解していたのだ。

3歳時からオペラオーの強さを見出していた〝ミスター競馬〟こと野平祐二氏は、この有馬記念の後、自らが育てた名馬シンボリルドルフを引き合いに出してこう語ったという。

「こんなに凄い競馬をする馬は見たことがない。もはや、ルドルフを超えたと言われても私は反論しない」

誰がなんと言おうとも、名伯楽のこの賛辞が最高の勲章だ。

（五十嵐有希）

史上初の年間8戦無敗・GI5勝・秋古馬三冠完全制覇を遂げたオペラオー。

母ワンスウエドの7番仔だったテイエムオペラオー。全妹である5歳下のピサノミライはJRA未勝利に終わった。300頭以上を世に送ったオペラオー産駒の特徴は晩成型が多く、7割近くがオペラオーの馬主である竹園正繼氏の所有となった。出世頭は障害重賞を3勝したテイエムトッパズレ。桜花賞と秋華賞を制したテイエムオーシャンは初年度からオペラオー産駒を3頭産んだが、JRAで勝利したのはテイエムオペラドン（障害3勝）のみ。阪神JF優勝のテイエムプリキュアとの間にできたテイエムプレミアも3戦未勝利で引退。オペラオーはJRAの平地重賞勝ち馬を出せずに終わった。母の父としてはバゴ産駒のトップウイナーが現役のオープン馬だ。

テイエムオペラオー

性別 牡

毛色 栗毛

生誕 1996年3月13日

死没 2018年5月17日

父 オペラハウス

母 ワンスウエド(母父・Blushing Groom)

調教師 岩元市三(栗東)

生涯成績 14-6-3-3

獲得賞金 18億3518万円

勝ち鞍 皐月賞　天皇賞・春(2勝)　宝塚記念　天皇賞・秋
ジャパンC　有馬記念　京都記念　阪神大賞典
京都大賞典(2勝)　毎日杯

第45回有馬記念(GI)
芝右2500m　晴　良　2000年12月24日　9R

着順	枠番	馬番	馬名	性齢	斤量	騎手	タイム	着差	人気
1	4	7	テイエムオペラオー	牡5	57	和田竜二	2:34.1		1
2	7	13	メイショウドトウ	牡5	57	安田康彦	2:34.1	ハナ	2
3	6	12	ダイワテキサス	牡8	56	蛯名正義	2:34.2	3/4	13
4	5	10	キングヘイロー	牡6	56	柴田善臣	2:34.3	1/2	9
5	7	14	アドマイヤボス	牡4	55	武豊	2:34.3	ハナ	6
6	8	15	アメリカンボス	牡6	56	江田照男	2:34.7	2.1/2	15
7	6	11	ステイゴールド	牡7	56	後藤浩輝	2:34.8	クビ	10
8	8	16	メイショウオウドウ	牡6	56	河内洋	2:35.0	1	12
9	2	4	ナリタトップロード	牡5	57	的場均	2:35.1	3/4	3
10	2	3	ホットシークレット	セ5	57	横山典弘	2:35.1	クビ	8
11	4	8	ユーセイトップラン	牡8	56	中舘英二	2:35.2	クビ	16
12	1	2	マチカネキンノホシ	牡5	57	岡部幸雄	2:36.0	5	7
13	3	5	ジョービッグバン	牡6	56	山田和広	2:36.3	1.3/4	11
14	3	6	トーホウシデン	牡4	55	田中勝春	2:36.9	3.1/2	5
15	5	9	ゴーイングスズカ	牡8	56	芹沢純一	2:38.5	10	14
中	1	1	ツルマルツヨシ	牡6	56	藤田伸二			4

第45回有馬記念（GⅠ）

芝2500m
2000年12月24日（日）
中山9R

中山 9 GⅠ 有馬記念（第45回）（サラ4歳上）（混）（指）、オープン・馬齢
◆ありまきねん
ファン投票選出馬中心のレース 有馬記念と...

枠番・馬番	父・馬名・母（母の父）	性齢	騎手	騎手成績	きゅう舎	本賞金	総賞金	馬主
1 1	シンボリルドルフ / ツルマルツヨシ / スイートシエロ（輸入）（コンキスタドール）	牡6	56藤田	4014	二分	7,020	17,215	鶴田任男
2 2	シアトルスルー / マチカネキンノホシ / アリスベル（米）（アリダー）	牡5	57岡部	4209	藤沢和	9,200	20,780	細川益男
2 3	ハンティングホーク / ホットシークレット / スダナアシコ（クイテエム）	騸5	57横山典	0000	後藤	5,670	15,620	金子真人
2 4	サッカーボーイ / ナリタトップロード / フローラルマジック（輸入）（アファーム）	牡5	57的場	0000	沖	17,150	44,170	山路秀則

日刊スポーツ
2000年（平成12年）12月24日 日曜日
中山
G1競馬スペシャル
原口きゅう務員ポロリ
「JCより少し落ちる」
オペラオー それでも信頼
数々の記録かける愛馬
「やることやった」
ステイがきたら超うれしい
さあ有馬イブ決戦 3時20分発走

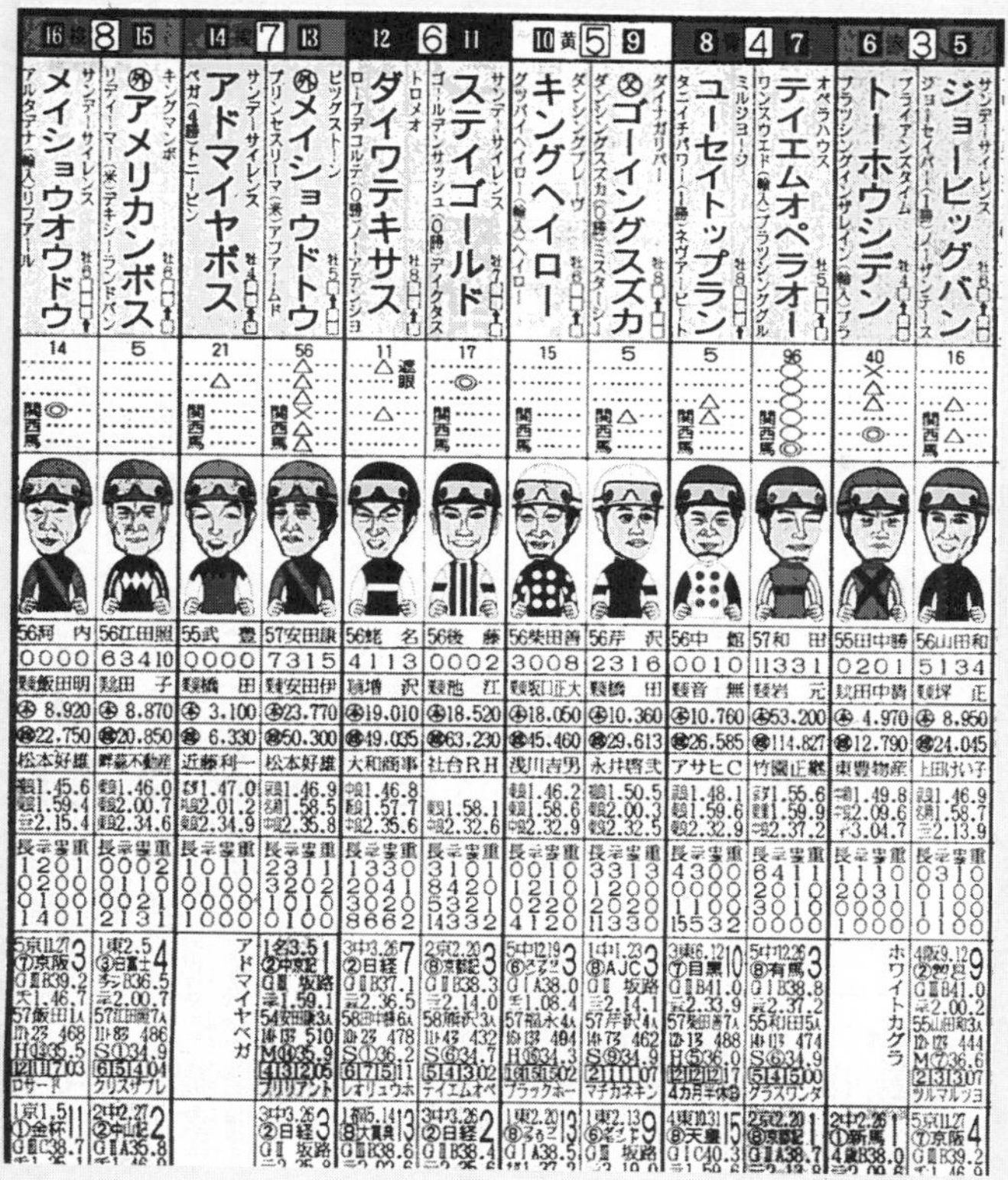

日刊スポーツ新聞社

数々の記録がかかった、緊迫の一戦

ここまで7連勝中だったテイエムオペラオー。年間無敗で、天皇賞・春、宝塚記念、天皇賞・秋、ジャパンCを制覇するなど、圧倒的な戦績を残していた。原口厩務員の「JCより少し落ちる」というコメントがあったものの、レースが始まると現役最強馬としての圧倒的な強さを見せつけた。コラムではタレントのさとう珠緒さんが「ステイがきたら超うれしい」とコメント。

2000年
高松宮記念

キングヘイロー

批判を浴びながらのGⅠ挑戦 ついに手にした王者の二文字

スプリントのGⅠレースを制するのに必要なものとは何だろう？　圧倒的なスタートダッシュ、爆発的な末脚、絶対的なスピード…答えは様々だろうが2000年の高松宮記念に関して言えば、「決してあきらめない心」だったように思う。

それまでの5月開催から3月の開催へと変更されて最初の年となった第30回の高松宮記念。戦前の下馬評では前年のスプリンターズSを直線一気の末脚で突き抜け勝利したブラックホークと、天賦の才とも言えるスピードでアベイ・ド・ロンシャン賞（仏）を制したアグネスワールドの一騎打ちと目され、その他のメンバーも当時のスピード自慢が続々とエントリーしていた。ただ1頭の場違いな馬を除いては――。

その〝場違いな馬〟とはキングヘイロー。スプリンターズSでも3着に入っただけに決して短距離戦が初めてというわけではなかったが、彼のキャリアを振り返れば、なぜこのレースに出ているの？　という印象は否めなかった。

キングヘイローの父は欧州最強馬と称されたダンシングブレーヴ、母のグッバイヘイローはアメリカでGI・7勝を誇る世界的な良血。クラシック戦線での活躍はもちろんながら、GIをいくつ勝つのだろうと将来を嘱望された。実際、デビューから3連勝で東京スポーツ杯3歳Sを制したときはクラシック候補生として大いに注目を集めていた。

ところが、4歳時はまさかの未勝利。皐月賞で2着に入った以外はこれといった結果を残せず、マイル路線へと矛先を変え東京新聞杯、中山記念で2連勝を飾った5歳時もGI勝利を期待されたが、2番人気に支持された安田記念で11着に大敗。燃えるような闘志がレースでは空回りすることが多く、キングヘイローは再び勝ち星から遠ざかり、気が付けばGIは9度挑んで未勝利のまま。6歳の年明け初戦はフェブラリーSから始動したが、初ダートの影響は大きく1番枠から動けず、見せ場ゼロの13着に大敗。世界的良血馬にGIを勝たせてやりたいという思いから生まれた「距離も馬場も問わない」という坂口正大調教師のチャレンジは、識者やファンから「節操がない」と非難を浴びたほど。

この高松宮記念でも4番人気に推されたが、オッズは12・7倍と上位のスプリントGI馬からは大きく離されたものだった。

スタート直後、アグネスワールドが逃げの体勢を取る中でメジロダーリングとダイタクヤマトが競りかけ、その外をブラックホークが追いかけるという展開に。キングヘイローは出脚がつかず後ろから6頭目というポジショニング。この馬独特の首が高いままの走りで、前を必死に追いかけていたが、やはりスピードの絶対値を競うレースではどうしても遅れてしまう。このまま直線に入って追い込んできても、キングヘイローは結局届かず3、4着がいいところ。すでに勝負が決まったところですごい脚を使って飛び込んできて、レース後に識者から「惜しかった」「負けてなお強し」という評をかき集めるだけ――多くのファンはそう思ったことだろう。

ところが、この日のキングヘイローは違った。スタート直後から鞍上の柴田善臣が終始押し通したことで、いつもはレース終了直前でないと火がつかないエンジンが直線に向かうころにはもうフルスロットルに。先行争いが激しくなったことで上がったペースもこの馬の追い風となった。それでも首はいつものように高いままで、小回りの中京競馬場に戸惑ったのか、どこかぎこちなくコーナーを回っていくところが不器用なこの馬らしくもあった。

最後の直線、先行したアグネスワールドが早めに先頭に立ったところに内をスルスルと抜け出してきたディヴァインライトが迫り、スプリンターズS同様に外からブラックホークが伸びてくるという具合に先頭争いは目まぐるしいものになったが、キングヘイローはブラックホークよりもさらに外から迫った。直線で猛然と前を追う姿は決して場違いな存在ではなく、まさに王者の走りそのもの。一度火が付けば決して止まることのない世界レベルのエンジンを持つ彼はゴール寸前にディヴァインライトをギリギリ差し切って先頭でゴール。

生まれながらにしてGI勝ちが約束されていた世界的な良血馬が、ついにそのタイトルを摑んだ。

キングヘイローがゴールした瞬間、坂口正大調教師は人目をはばかることなく号泣した。これだけの良血馬を預かりながら、クラシックどころかただの1つもビッグタイトルを取らせることができなかったことによる後悔や焦り、そして「節操がない」と非難されてまで続けてきたGIレースへのあくなき挑戦が成就した喜びと安堵…言葉にならないたくさんの思いがこの涙から痛いほどに伝わってきた。

この勝利を機に、キングヘイローはGIタイトルを積み重ねると思いきや、6戦して未勝利。ラストランとなった有馬記念ではレースが終わる直前にエンジンに火がつき、猛然と追い込んで勝ち馬テイエムオペラオーから0・2秒差の4着。上がり3ハロンの36秒0はメンバー最速だった。最後の最後まで摑みどころがないまま、キングヘイローはターフを去った。

ポテンシャルは日本競馬史上でも屈指のものを持っていながら、その才能をどこか持て余していたキングヘイロー。

もしかするとあの高松宮記念は、愚直なまでにGI制覇をあきらめなかった陣営と不器用なキングヘイローへ、競馬の神様が贈ったプレゼントだったのかもしれない。

（福嶌弘）

大接戦となったゴールの瞬間。GI出走11戦目で念願のタイトルを獲得した。

種付け料の安さもあり引退後は1319頭の産駒を輩出。出世頭は高松宮記念とスプリンターズSを制したローレルゲレイロ。カワカミプリンセスはオークスと秋華賞の二冠を制覇した。またダートでもメーデイアがJBCレディスクラシックを、キタサンミカヅキが東京盃と東京スプリント競走（ともに大井）を勝つなど、距離や馬場条件を問わない活躍をしている。母父がサンデーサイレンスの父Haloであることからサンデー系牝馬との配合ではHaloの*クロスが発生、該当血統馬であるダイメイプリンセス（母父ダンスインザダーク）は短距離重賞2勝を挙げる活躍を果たしたが、ノーザンファームの生産馬はシャトーブランシュなど少数だった。

＊クロス　インブリード＝近親配合。血統表の数代前に同じ馬が重なっていること。3×4の配合は「奇跡の血量」と称される

キングヘイロー

性別　牡

毛色　鹿毛

生誕　1995年4月28日

死没　2019年3月19日

父　ダンシングブレーヴ

母　グッバイヘイロー(母父・Halo)

調教師　坂口正大(栗東)

生涯成績　6-4-4-13

獲得賞金　獲得賞金　5億26万円

勝ち鞍　高松宮記念　中山記念　東京新聞杯　東京スポーツ杯3歳S

第30回高松宮記念(GI)
芝左1200m　曇　良　2000年3月26日　11R

着順	枠番	馬番	馬名	性齢	斤量	騎手	タイム	着差	人気
1	7	13	キングヘイロー	牡6	57	柴田善臣	1:08.6		4
2	4	7	ディヴァインライト	牡6	57	福永祐一	1:08.6	クビ	8
3	3	5	アグネスワールド	牡6	57	武豊	1:08.7	クビ	2
4	8	16	ブラックホーク	牡7	57	横山典弘	1:08.7	ハナ	1
5	2	4	トキオパーフェクト	牡6	57	岡部幸雄	1:08.8	1/2	9
6	6	12	スギノハヤカゼ	牡8	57	田島裕和	1:08.8	クビ	7
7	7	14	マイネルマックス	牡7	57	勝浦正樹	1:08.9	1/2	12
8	2	3	ブロードアピール	牝7	55	武幸四郎	1:08.9	ハナ	5
9	4	8	トロットスター	牡5	57	後藤浩輝	1:09.0	1/2	11
10	5	10	タイガーチャンプ	牡9	57	山田和広	1:09.1	3/4	16
11	3	6	ダイタクヤマト	牡7	57	高橋亮	1:09.1	ハナ	13
12	1	2	タイキダイヤ	牝5	55	四位洋文	1:09.1	アタマ	6
13	8	17	スピードスター	牡8	57	吉田稔	1:09.3	1	17
14	1	1	メジロダーリング	牝5	55	吉田豊	1:09.4	3/4	10
15	5	9	シンボリスウォード	牡6	57	橋本広喜	1:09.4	ハナ	14
16	8	15	マイネルラヴ	牡6	57	蛯名正義	1:09.8	2.1/2	3
17	6	11	ストーミーサンディ	セ8	57	鹿戸雄一	1:10.5	4	15

2000年
日本ダービー

アグネスフライト

追い込み決着の名勝負！
皐月賞馬&弟弟子との一騎打ち

勝ちたくない者は、勝てない。

どんな勝負事にも当てはまる当たり前のことだが、競馬において、それを如実に感じさせるのが全てのホースマンたちの目標とされるダービーである。生涯一度の晴れ舞台を目指し、毎年あまたの競走馬がデビューする。3歳（現表記）の5月という競走馬として未完成な時期に行われるレースだからこそ、騎手や調教師といったホースマンたちが若駒にレースを教え、じっくりと時間を掛けて成長を促していく。言い換えればダービーは人馬の絆が強くなければ勝てない。それを象徴したのが2000年のダービーだろう。

ただでさえ混迷を極めていた20世紀最後の牡馬クラシック戦線。弥生賞を制して暫定ながら主役の座に就いたフサイチゼノンは皐月賞直前に体調が整わないという理由で戦線離脱。主役不在のまま迎えた皐月賞はスタート直後にラジオたんぱ杯3歳Sを制した実力馬、ラガーレグルスがゲート内で立ち上がって競走中止の憂き目に遭うなど、混戦模様を象徴するようなレースとなった。

その皐月賞を制し、世代をリードする存在となったのがエアシャカール。半姉エアデジャヴーが相手なりに走れる安定感をウリにする馬だったのに対し、父がサンデーサイレンスに変わったこの馬は勝ち気な気性で名手・武豊でさえまっすぐ走らせられないほどのやんちゃ坊主。それだけに集中したときの走りは目を見張るものがあり、皐月賞でも3角過ぎからマクリを打つという荒業で1番人気馬ダイタクリーヴァをクビ差捉えた。粗削りながら類まれな素質を持つ若駒をデビュー時から1戦ずつじっくりと育て上げてきたことが見事に実を結び、前人未到の大記録であるダービー3連覇を目指す武豊にとって最上の相棒となった。

澄み切った青空のもとで行われたこの年のダービー。戦前の下馬評通り、1番人気に支持されたのは皐月賞馬となったエアシャカール。2番人気には皐月賞2着のダイタクリーヴァが推されはしたが、血統面から距離不安が囁かれるなど、ライバルよりもまず先に自分との勝負に徹しなければならなかった。その他の馬はほとんど勝負付けが済んだ相手で、エアシャカールの二冠制覇は限りなく濃厚と見られていた。ある1頭を除いては。

その1頭とは3番人気馬のアグネスフライト。父サンデーサイレンスはもちろんながら母は桜花賞馬アグネスフローラ、祖母はオークスを制したアグネスレディーという超良血馬。一族譲りの鋭い切れ味を武器にこの年からダービーへの関西最終便へと姿を変えた京都新聞杯を制し、夢舞台への切符をつかんでこの日を迎えた。

そんなアグネスフライトの鞍上を務めるのは母、祖母の手綱を握ってきた河内洋。武豊の兄弟子としても知られ、この年でデビュー27年目を迎える大ベテラン。リーディングジョッキーにも3度輝き、GIも数多く制してきた勝負師だったが、ダービーはここまで16回挑戦して未だに勝利なし。45歳で迎える今回がダービージョッキーになる最後のチャンスになるかもしれない——そんな時に巡り合ったのが祖母、母とともにデビューから自身が手綱を握ってきた一族から生まれたアグネスフライト。強い絆がそこにはあった。

迎えたレースはパープルエビス、タニノソルクバーノ、マイネルブラウらが激しく先頭を争う中でエアシャカールは1コーナーを15番手、アグネスフライトに至っては最後方でそれぞれ通過。20世紀の金言である「ダービーポジション*」を無視するような騎乗にファンはハラハラさせられたが、武豊、河内はそれぞれ自信を持って騎乗しているように見えた。

1000mの通過タイムが59秒2というハイペースで馬群が流れ、大けやき*を通過するところでエアシャカールが動いた。弥生賞、皐月賞で見せた伝家の宝刀であるマクリをこの大舞台でも決行した。小回りの中山とは異なり、直線が500m以上もある東京競馬場でマクリは決まりにくいものだが、そこはこの時点でダービー2連覇を果たしている武豊。勝ち方は十分承知とばかりに仕掛けていく。

＊ダービーポジション　1コーナーを10番手以内で回ること。ダービー優勝の条件とされる
＊大けやき　東京競馬場の3コーナーから4コーナーに存在する大木。「伐採しようとするたびに関係者が亡くなる」などのエピソードが伝わっている

そうして迎えた最後の直線。ジョウテンブレーヴ、アタラクシアらが先頭を争う中、外からエアシャカールがあっさりとかわして先頭に。二冠制覇へ残り200m、勝負あったという中、河内洋のアグネスフライトが外から飛んできた。

前人未到のダービー3連覇を皐月賞馬エアシャカールとともに目論む武豊と、悲願のダービー制覇を目指す河内と彼の騎手人生を象徴するような相棒アグネスフライトとの一騎打ち。残り100mはまさに2人と2頭だけの世界、絆と絆のぶつかり合いとなり、2頭がピタリと並んだ瞬間がゴールだった。

どちらが勝ったか全くわからない中、右手を上げたのは河内洋だった。ベテランが初めて掴んだであろう手応えの通り、わずか7センチだけアグネスフライトが前に出ていた。祖母アグネスレディーから始まる親子3代クラシック制覇は日本競馬史上初の大偉業となり、それを支えた河内は誰よりも欲っしたであろうダービージョッキーの称号を手に入れた。

そんな稀代の激戦の代償なのか、アグネスフライトはその後一度も勝てないままターフを去り、エアシャカールも菊花賞の1勝を追加したもののどこか情けない印象が付いて回った。

しかし、この2頭のダービーにおける雄姿は不滅。河内洋が騎乗したアグネスフライトと武豊が跨るエアシャカールによるマッチレースは人馬の絆の深さが生んだ20世紀最後の名勝負と言えるだろう。

（福嶌弘）

皐月賞馬＆弟弟子との一騎打ちをハナ差で制したアグネスフライトと河内洋（左）。

ダービー優勝後は神戸新聞杯2着、菊花賞5着、ジャパンC13着。翌年春の大阪杯で10着に敗れると屈腱炎に見舞われ長期休養に入った。さらに翌年秋の天皇賞で1年7カ月ぶりに復帰したが2ケタ着順が続き6歳春に引退。日高スタリオンステーション（現在は閉鎖）で種牡馬となってから178頭の産駒を輩出したが重賞ウイナーは皆無。もっとも活躍したのは4勝馬ワンダーアシャード（獲得賞金8604万円）で、11年に種牡馬を引退した。鞍上の河内は45歳でダービージョッキーとなったが、最年長のダービー制覇は増沢末夫（86年ダイナガリバー）の48歳7カ月。ちなみにシャフリヤールで3回目のダービー優勝を果たした福永祐一は44歳での優勝だった。

アグネスフライト

性別 牡

毛色 栗毛

生誕 1997年3月2日～

父 サンデーサイレンス

母 アグネスフローラ（母父・ロイヤルスキー）

調教師 長浜博之（栗東）

生涯成績 4-2-0-8

獲得賞金 2億9919万円

勝ち鞍 日本ダービー　京都新聞杯

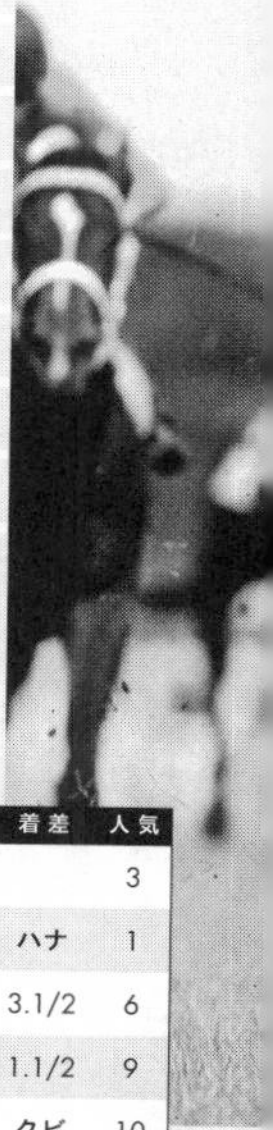

第67回東京優駿（GI）
芝左2400m　晴　良　2000年5月28日　9R

着順	枠番	馬番	馬名	性齢	斤量	騎手	タイム	着差	人気
1	2	4	アグネスフライト	牡4	57	河内洋	2:26.2		3
2	1	2	エアシャカール	牡4	57	武豊	2:26.2	ハナ	1
3	7	13	アタラクシア	牡4	57	四位洋文	2:26.8	3.1/2	6
4	6	12	トーホウシデン	牡4	57	田中勝春	2:27.0	1.1/2	9
5	1	1	リワードフォコン	牡4	57	後藤浩輝	2:27.1	クビ	10
6	8	17	ジョウテンブレーヴ	牡4	57	蛯名正義	2:27.2	3/4	5
7	3	5	カーネギーダイアン	牡4	57	藤田伸二	2:27.3	3/4	4
8	8	16	プラントタイヨオー	牡4	57	小野次郎	2:27.5	1.1/4	16
9	2	3	オースミコンドル	牡4	57	武幸四郎	2:27.7	1.1/2	7
10	7	15	ジーティーボス	牡4	57	吉永護	2:28.0	1.3/4	15
11	4	8	クリノキングオー	牡4	57	幸英明	2:28.1	3/4	17
12	5	10	ダイタクリーヴァ	牡4	57	高橋亮	2:28.4	2	2
13	3	6	タニノソルクバーノ	牡4	57	岡部幸雄	2:29.3	5	8
14	4	7	マイネルブラウ	牡4	57	横山典弘	2:29.5	1.1/2	12
15	8	18	マイネルコンドル	牡4	57	伊藤直人	2:29.8	1.3/4	18
16	7	14	パープルエビス	牡4	57	石橋守	2:30.0	1	11
17	6	11	マルカミラー	牡4	57	福永祐一	2:30.0	アタマ	14
18	5	9	マイネルブライアン	牡4	57	北村宏司	2:31.3	8	13

2000年
菊花賞

エアシャカール

古馬になって未勝利に終わるもダービー後、世界に挑戦した準三冠馬

1998年と99年のダービーをともにサンデーサイレンス産駒のスペシャルウィークとアドマイヤベガで連覇した武豊が00年のクラシックロードで騎乗したのは、同じくサンデーサイレンス産駒のエアシャカールだった。

武豊が選んだことで世代トップクラスのお墨付きを得たようなものだが、米国産の繁殖牝馬アイドリームドアドリームの第3仔であるエアシャカールには、クラシックで活躍する血統的な裏付けもあった。2歳上の半姉エアデジャヴー（父ノーザンテースト）は、桜花賞3着、オークス2着、秋華賞3着と、98年の牝馬三冠でいずれも好走していたのだ。

トライアルの弥生賞を2着して皐月賞に向かったエアシャカールは、スプリングSなど重賞2勝のダイタクリーヴァに次ぐ2番人気に支持される。道中は15番手の後方からレースを進めたエアシャカールは3コーナーから進出を開始。4コーナーで先行集団を射程圏内に入れると、直線では先に抜けだしたダイタクリーヴァを外から猛然と追い、クビ差かわしたと

ころがゴールだった。馬連は720円の順当な結果だったが、この皐月賞は3番人気のラガーレグルスがスタート時にゲート内で暴れ、騎手を振り落として競走中止となった釈然としないレースとして記憶しているファンもいることだろう。

ともあれ、エアシャカールは上がり3ハロン最速の脚を使い一冠を手にしたのである。

ダービーはエアシャカールが単勝2・0倍の1番人気。やや離れてダイタクリーヴァが4・8倍の2番人気となり、別路線の京都新聞杯を勝ってダービーに間に合ったアグネスフライトが5・1倍の3番人気で続いた。

道中の上位人気の並びは中団にダイタク、後方にエア、最後方にアグネスとなり、直線ではエアとアグネスの一騎打ちとなった。抵抗するアタラクシアやトーホウシデンを残り200mでエアシャカールが外から抜き去り、先頭に立ったとき、アグネスフライトには3馬身ほどの差をつけている。しかし、エアのさらに外から襲いかかったアグネスの末脚は際立っていた。ゴールでは馬体が重なり、テレビの実況アナが「ユタカのV3か!? 河内洋、悲願のダービー制覇か!?」と叫んだほどである。

結果はハナ差でアグネスフライトに軍配が上がったのだが、当時45歳、引退が迫る河内にとっては、まさに悲願の勝利だった。武豊にしてみれば、武田作十郎厩舎の兄弟子、河内の徹底マークに屈したダービーではあったが、3着を3馬身1/2離したエアシャカールも同世代では屈指の実力馬であることを示している。

菊花賞を前に単勝1・7倍の1番人気で臨んだ神戸新聞杯で、エアシャカールは気性面での不安が顕在化した。これまでと同じく道中は後方に待機し、直線で外から抜きにかかると、内にささり*、思うように追えなかったのだ。現在の2勝クラスを勝ったばかりだったフサイチソニックに勝たれ、アグネスフライトにも先着を許す3着となっている。

菊花賞でアグネスフライトに次ぐ2番人気となったエアシャカールは、リングハミ*を装着することで悪癖の解消を図った。1周目の4コーナーを5番手でまわるレースぶりもこれまでとは違うものだ。向う正面では10番手まで位置取りを下げて折り合う。外に合わせた河内・アグネスフライトが仕掛け気味なのに対して、武豊は手綱を持ったまま。2周目の4コーナーを内目でまわると、直線では内ラチ沿いに進路をとる。先頭を行くエアシャカールにトーホウシデンが馬体を合わせて追いすがるが、脚色は同じ。エアシャカールがクビ差で勝利した。弱点を克服してこれまでとは違う作戦をとり、人馬一体で勝利を摑んだ菊花賞は、エアシャカールのベストレースと言えるだろう。

皐月賞と菊花賞の二冠を獲り、ダービーは7センチ差の惜敗だったエアシャカールは準三冠馬であり、JRA史上最も三冠馬に近づいた馬とも言われる。しかし、その後は1歳上のテイエムオペラオーや2歳下のシンボリクリスエスといった異なる世代の一線級に歯が立た

＊内にささる　レースや調教中、突然内に斜行すること。外への斜行は「ふくれる」
＊リングハミ　口角と下顎の2カ所で馬を制御するために用いられる、片枝に円形のリングを連結させたハミ

ず、GIでは勝つどころか、連対することもできなかった。5歳の有馬記念まで現役を続け、結局、菊花賞が最後の勝利となっている。クラシックを含めて国内の重賞には15回出走して人気と着順が一致したことは皆無。

そんなところにも、才能はあっても優等生ではないエアシャカールの個性が現れているように思える。

世代レベルが相対的に低いこともあり、準三冠馬としての貫禄にいまひとつ欠けるきらいがあるエアシャカールだが、ダービーの2カ月後に渡英し、キングジョージⅥ世&クイーンエリザベスSに挑戦したことは記憶しておきたい。同レースに日本の3歳馬が出走するのは85年のダービー馬シリウスシンボリ以来であり、欧州の主要GIに日本の3歳馬が挑戦するのはほとんどないこと。凱旋門賞やサンクルー大賞などの勝ち馬モンジューの5着に敗れたが、そのチャレンジャー精神は評価できる。

エアシャカールは引退後、種牡馬となったが、3カ月後の03年3月13日、放牧中の事故により左後肢を骨折し、安楽死となった。産駒はわずかに4頭で、JRAで1勝したエアファーギーなどいずれも牝馬。21年7月現在、エアファーギーの仔であるフォーネル（父ジャングルポケット）が園田で、ヤコウレッシャ（父バトルプラン）が名古屋で走っており、出馬表にエアシャカールの名を見ることができる。

（浅羽晃）

皐月賞優勝、ダービー2着、そして菊花賞制覇。準三冠馬となったエアシャカール。

デビュー前、武豊に「重賞を勝てる馬」と評されたが、激しい気性からまっすぐに走らず「乗りにくい」とも言われた。「サンデーサイレンスの悪い面が集まった」とも評されている。古馬になり未勝利に終わった二冠馬はグレード制導入後、この馬のみである。兄弟で活躍したのは半姉エアデジャヴー（父ノーザンテースト、オークス 2 着）とエアサバス（父サンデーサイレンス、JRA3 勝）の 2 頭。引退後はブリーダーズスタリオンステーションで種牡馬となったが、放牧中の不慮の事故で早世、残された産駒は牝馬 4 頭（種付け頭数は 11 頭）。JRA での勝利はエアファーギーの未勝利戦勝利のみに終わった。

エアシャカール

性別 牡

毛色 黒鹿毛

生誕 1997年2月26日

死没 2003年3月13日

父 サンデーサイレンス

母 アイドリームドアドリーム（母父・Well Decorated）

調教師 森秀行（栗東）

生涯成績 4-6-1-9

獲得賞金 5億4505万円

勝ち鞍 皐月賞　菊花賞

第61回菊花賞（GI）
芝右　外3000m　晴　良　2000年10月22日　11R

着順	枠番	馬番	馬名	性齢	斤量	騎手	タイム	着差	人気
1	7	15	エアシャカール	牡4	57	武豊	3:04.7		2
2	7	13	トーホウシデン	牡4	57	田中勝春	3:04.7	クビ	3
3	1	1	エリモブライアン	牡4	57	藤田伸二	3:05.4	4	6
4	2	4	ケージージェット	牡4	57	佐藤哲三	3:05.5	クビ	12
5	3	6	アグネスフライト	牡4	57	河内洋	3:05.6	1/2	1
6	8	17	フェリシタル	牡4	57	高橋亮	3:05.6	クビ	10
7	2	3	ヤマニンリスペクト	牡4	57	福永祐一	3:05.7	3/4	13
8	5	9	ジョウテンブレーヴ	牡4	57	蛯名正義	3:05.8	1/2	5
9	3	5	トップコマンダー	牡4	57	松永幹夫	3:05.9	1/2	16
10	4	7	ホワイトハピネス	牡4	57	小原義之	3:06.0	1/2	7
11	6	12	ヒシマジェスティ	牡4	57	角田晃一	3:06.1	クビ	4
12	1	2	ダイワバーミンガム	牡4	57	柴田善臣	3:06.1	クビ	8
13	8	16	カリスマシルバー	牡4	57	小林徹弥	3:06.2	1/2	18
14	4	8	スプリームコート	牡4	57	四位洋文	3:06.6	2.1/2	11
15	5	10	マッキーローレル	牡4	57	本田優	3:06.6	クビ	9
16	7	14	マイネルビンテージ	牡4	57	熊沢重文	3:07.3	4	15
17	8	18	クリノキングオー	牡4	57	幸英明	3:07.8	3	17
18	6	11	ゴーステディ	牡4	57	吉田豊	3:10.2	大	14

2000年
秋華賞

ティコティコタック

20キロの馬体減をものともせず
鞍上に初GI勝利をプレゼント

日本競馬界には、重賞だけではなく下級条件にも名前を付けられた特別レースが全国に多数存在する。往年の名馬を讃えたものや、四季や花にちなんだものなど数え出したらキリがないのだが、各競馬場にゆかりのある地名や名所の名前を冠したレースは、その名を聞いただけで現地へ足を運んだような気分になると同時に、読み方が難しい地名を覚えられるまさに一石二鳥。こんな思いをしている方、少なくはないはず。

中央競馬では、施行条件の変遷があるものの長く親しまれているレースがいくつかあり、その中のひとつが札幌開催の大倉山特別。1972年の札幌冬季オリンピックにおいてスキージャンプ90m級（現ラージヒル）の舞台になった大倉山ジャンプ競技場がある大倉山が由来の同レースは、幾度かの距離やダートへの変更はあったものの、2勝クラス（現表記）の競走として定着しているが、実は出世レースのひとつとしても有名。過去の勝ち馬には、ネームヴァリュー（2003年帝王賞）やブルーメンブラット（08年マイルCS）、そしてレインボーダリア（12年エリザベス女王杯）など、のちのGIホースが名を連ねている。

牝馬限定戦の芝1800mで行われた00年の大倉山特別。この夏、私は札幌に出張していて現地で観戦したが、この期間中でもっとも印象に残ったのがこのレース。勝ったのは、横山典弘騎手が手綱を取ったティコティコタック。

ティコティコタックはこの年の3月26日、阪神のダート1200mでデビューしたが（5着）、ダートを走ったその後の2戦は凡走する。しかし、4戦目に芝へ路線変更すると3着と好走し、5戦目で待望の初勝利。続く昇級初戦で1位入線を果たすが進路妨害で6着に降着。その後、1戦を消化して8月に札幌競馬場へ入厩するとすぐに1勝クラスを勝ち上がり、2勝クラス3戦目に迎えたのが大倉山特別だった。

現在と違い、約4カ月にわたるロングラン開催の終盤に組まれていたこの年の大倉山特別は、1000m通過64秒1の超スローペースで進む。道中でもなかなかペースが上がらず、11秒台のラップが最後の2Fだけという着差がつきにくいレースになったが、この流れで2着に1馬身1／4差、さらに3着にはそこから1馬身3／4差をつけてティコティコタックは完勝。この決め脚に魅了された私は、「秋華賞に出てきたら本命にしよう！」と心に誓った。3月のデビュー戦から休まず走って11戦目。そのタフさも魅力のひとつだった。

ちなみに、このレースで単勝1・8倍の1番人気に支持されながら3着に敗れたスリーローマンは、のちに菊花賞馬スリーロールスの母となる。
札幌出張を終え、休む間もなく迎えた秋のGⅠシリーズ。開幕を告げる秋華賞の出馬表に
ティコティコタックの名前はあったが、トライアルレースに出走していた馬が大半というな
か、条件クラスからの臨戦という点が嫌われて10番人気と低評価。オークスでワンツーフィ
ニッシュを飾った山内厩舎のシルクプリマドンナとチアズグレイスに、これをローズSで破
ったニホンピロスワンが人気を集め、秋華賞のスタートが切られた。
レースの主導権を握ったのは2歳女王のヤマカツスズラン。これに続いたのがチアズグレ
イスで、ティコティコタックは4番枠を生かし、チアズグレイスをマークできる絶好位に収
まる。折り合いを欠く馬もなく、ヤマカツスズランのマイペースで進んだ1000m通過タ
イムは60秒8と遅めだったが、2走前＝HTB賞以来のコンビとなる武幸四郎騎手とティコ
ティコタックの呼吸はピッタリで、道中も抜群の手応えで進む。そして4コーナーに差しか
かると、武幸四郎騎手は徐々にティコティコタックのギアを上げ、11秒2－11秒2で逃げ切
りを謀るヤマカツスズランに襲いかかる。
頭が高いヤマカツスズランとは対照的に、首を下げ低いフォームでこれを捉えようとする
ティコティコタック。ゴールを待たずに的中を確信した私は記者席で、「コーシロー！　コー
シロー！」と絶叫。その想いが届いたのか、ティコティコタックが半馬身差で優勝。武幸四

郎騎手はこれがうれしいGⅠ初制覇。ティコティコタックから手広く流していた私にとっても会心の秋華賞になった。

レースが終わると、一緒に札幌へ出張していた他社のトラックマンが近づいてきた。彼とは大倉山特別のあとに、「この馬は強いね」と意見が一致していた。それを覚えていたので、「取った?」と聞くと、「体重を見て止めちゃったよ…」との返事。実はこの日のティコティコタック、久しぶりの輸送競馬が影響したのか、前走の440キロから20キロの馬体減でレースに挑んでいた。もし馬体重が発表された後だったら、彼と同様に見送っていたかもしれない。知らぬが仏。そんな言葉が頭をよぎった。

ティコティコタックはその後も牝馬路線のトップで活躍し、01年のエリザベス女王杯では、トゥザヴィクトリーやローズバドと名勝負を演じる(3着)。しかし、勝ち星に恵まれることはなく02年のクイーンSを最後に引退した。

大レースの高揚感を味わうことはできないが、夏競馬の楽しみは、新馬戦と秋のGⅠで活躍すると思われる〝上がり馬〟を探すこと。この味を知ってしまうと、競馬は年中無休になる。最近はあまりお目にかからないが、ティコティコタックのような馬が毎年のように現われてくれると、競馬との接し方にも厚みが出てくる。競馬力を磨く機会が夏競馬。その教科書が私にとってはティコティコタックなのだ。

(久保木正則)

重賞初挑戦の10番人気馬が優勝。馬連は300倍超の大波乱に。

父サッカーボーイ産駒は長距離での活躍が目立ち、ティコティコタックのほかナリタトップロード（菊花賞）とヒシミラクル（菊花賞、春の天皇賞、宝塚記念）と3頭のGI馬を世に送り出した。ティコティコタック産駒12頭の出世頭は4番仔のコモノドラゴン（父アグネスタキオン）で準オープンに昇格した。6番仔ヴィカバンブー（9戦1勝、父アドマイヤムーン）の産駒に佐賀競馬で三冠馬となったスーパージンガ（父バンブーエール）がいる。ティコティコタックの孫となる同馬は門別競馬と佐賀競馬で2482万円という驚異的な獲得賞金を手にしている。

ティコティコタック

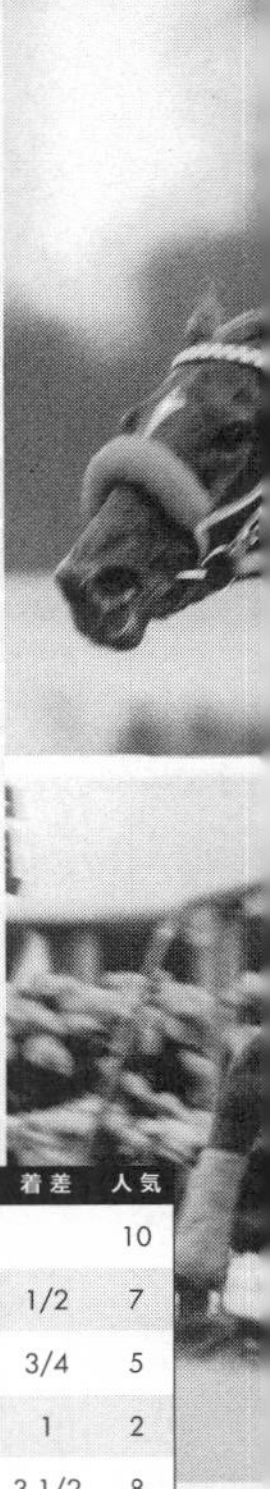

性別 牝

毛色 栗毛

生誕 1997年3月11日〜

父 サッカーボーイ

母 ワンアイドバンブー（母父・ブライアンズタイム）

調教師 松田正弘（栗東）

生涯成績 4-2-4-12

獲得賞金 2億2281万円

勝ち鞍 秋華賞

第5回秋華賞（GI）
芝右2000m　曇　良　2000年10月15日　11R

着順	枠番	馬番	馬名	性齢	斤量	騎手	タイム	着差	人気
1	2	4	ティコティコタック	牝4	55	武幸四郎	1:59.9		10
2	7	14	ヤマカツスズラン	牝4	55	池添謙一	2:00.0	1/2	7
3	3	5	トーワトレジャー	牝4	55	上村洋行	2:00.1	3/4	5
4	1	2	チアズグレイス	牝4	55	松永幹夫	2:00.3	1	2
5	2	3	グランパドドゥ	牝4	55	河内洋	2:00.9	3.1/2	8
6	5	9	ジェミードレス	牝4	55	岡部幸雄	2:00.9	ハナ	9
7	3	6	バイラリーナ	牝4	55	小林淳一	2:01.1	1.1/4	15
8	7	13	マターラミツル	牝4	55	安藤勝己	2:01.1	ハナ	11
9	7	15	レディバラード	牝4	55	熊沢重文	2:01.1	ハナ	17
10	6	12	シルクプリマドンナ	牝4	55	藤田伸二	2:01.1	アタマ	1
11	5	10	ニホンピロスワン	牝4	55	福永祐一	2:01.1	ハナ	3
12	4	8	サファイヤコースト	牝4	55	幸英明	2:01.2	1/2	18
13	8	18	カリスマサンオペラ	牝4	55	石橋守	2:01.3	3/4	16
14	4	7	フューチャサンデー	牝4	55	横山典弘	2:01.5	1.1/2	13
15	8	16	サニーサイドアップ	牝4	55	後藤浩輝	2:01.5	アタマ	6
16	1	1	ポンデローザ	牝4	55	渡辺薫彦	2:01.7	1.1/4	14
17	8	17	マニックサンデー	牝4	55	田中勝春	2:01.9	1.1/4	12
18	6	11	マルターズスパーブ	牝4	55	柴田善臣	2:02.1	1.1/2	4

コラム 1

インパクトを残した個性派名馬

他馬が止まって見えた！ 強豪馬を打ち破った！ 最後方からの直線一気！

何もGⅠばかりが名レースというわけではない。サプライズの度合いやインパクトの強いレースはGⅠよりもむしろ普段の重賞や平場のレースの方に潜んでいることの方が多い。それで言えば、2000年の根岸Sは今見ても色あせないインパクトがある。

このレースの主役となったのはブロードアピール。シルクロードSを差し切り、スプリンターズSでも4着に食い込むなど芝の短距離戦線で鋭い脚を見せていたが、この馬の持ち味がフルに生きたのは自身3度目のダート戦となったこのレースだった。

1番人気で迎えた一戦ながら、スタートでは後手を踏んで最後方のまま。3コーナーを過ぎてもブロードアピールのエンジンはかからず直線へ。いくら府中の直線が長くともここからスパートをかけたところで通常なら掲示板にギリギリ入るのが関の山。ところがブロードアピールはいったんゴーサインが出されると、自慢のピッチ走法を駆使して外から猛然と脚を伸ばして1頭、また1頭とかわしていく。残り200mを通過した時点で先頭のエイシンサンルイスとは推定5馬身ほど離れていたが、そこからブロードアピールは猛追して、残り50mの時点で差し切り、1馬身1／4の差をつけて勝利した。ダート戦とは思えない上がり34秒3の末脚はまさに鬼脚という表現がピッタリ。他馬が止まって見えるほどの差し切り劇だった。

ブロードアピールとは真逆の脚質だが、極限のスピードという点ではカルストンライトオのレース振りも忘れ難い。ムラっ気のある逃げ馬だったが、ひとたびゲートを出ると二の脚、三の脚ともいうべきダッシュ力を駆使して果敢に逃げて行くスタイルで魅せた。不器用なまでに純粋なその速さが最大限に生きたのは2002年のアイビスサマーダッシュだろう。

コーナーなしの新潟の芝1000m直線コースは彼にとっては庭も同然。前年3着に敗れたこともあって2番人気でこのレースを迎えたが、8枠12番からゲートを出るとすぐにグングンと加速していき先頭へ。外ラチを頼って走るその姿は他の馬なんて眼中にない様子。ただただ自分自身のスピードの限界を追い求めるかのような走り。その極限なまでのスピードをフルに生かしたレース運びは1番人気のブレイクタイムらを寄せ付けずに圧勝して、「千直」の鬼であることを遺憾なく示した。ちなみにその時の勝ちタイム53秒7は20年近くたった今も新潟芝1000mの日本レコードタイムとして燦然と輝きを放っている。

日本レコードで駆け抜けた馬なら、コスモバルクも忘れられない。道営ホッカイドウ競馬に所属したまま中央のクラシックに殴り込みをかけ、皐月賞2着、ダービー8着という成績を残した彼が最後の一冠、菊花賞制覇に向けて挑んだのが2004年のセントライト記念。自身以外の重賞勝ち馬は不在という具合にメンバーに恵まれはしたが、外枠からのスタートが災いしたか、前に壁を作れず*2コーナーを過ぎるころにはコスモバルクは引っ掛かってしまい、早くも先頭に立つという悪癖を見せた。

鞍上の五十嵐冬樹が必死に制止するのを無視するかのようにコスモバルクは口を割り*ながら力任せの逃げを敢行。ダービーの時のように馬群に飲まれるのでは？ と不安にさせたが、直線に入ると迫りくるホオキパウェーブらに対して格が違うとばかりに踏ん張り勝利。終始掛かり通しでロスが多いレース運びだったにもかかわらず時計は当時の芝2200mの日本レコードとなる2分10秒1。そのポテンシャルの高さは本物であることを示した。

同じ中山競馬場でファンを驚かせたのが、レオリュウホウだ。25戦して4勝しか挙げられなかった馬だが、うち2勝は重賞でいずれも9番人気以下の伏兵として穴を開けたもの。中でも忘れられないのが2000年の日経賞だろう。

戦前の下馬評はグランプリレース3連覇を飾ったばかりのグラスワンダーがダントツ。この年から外国産馬へと開放された天皇賞・春への出走権を得るだけでなく、どんなレースを見せるかが焦点となっていたが、そんなレースで敢然と逃げたのがこのレオリュウホウ。1ハロンのタイ

＊**前に壁をつくる**　単走だと暴走しがちな馬を落ち着かせるために、前に他馬を置いてペースを合わせて走らせること

＊**口を割る**　レース中に馬が口を開くこと。行きたがる＝引っ掛かる際に見られる

ムで13秒台が2度も出るほどゆったりとしたペースを作ってグラスワンダーマークに徹する後続の馬たちを幻惑すると、直線に入っても先頭のまま。その直線でグラスワンダーが伸びを欠く中、レオリュウホウはあれよあれよという間に逃げ切る形で見事に1着。その後は3戦して馬券圏内に入れぬままターフを去っただけに、グラスワンダーを負かした勝利はまさかの大金星として、今も競馬ファンの記憶に残っている。

大金星と言えば、2002年のラジオたんぱ賞を制したカッツミーも忘れられない。初勝利まで7戦も要し、夏の福島開催でなんとか2勝目をマーク。ラジオたんぱ賞には連闘*で挑んだが、15頭立ての8番人気という低評価。そしてレース運びは…とにかくひどかった。

スタートこそ五分*で出るには出たが、次第に馬群からは取り残されて、ズルズルと後方に下がっていったカッツミー。3角過ぎから鞍上の内田利雄がグイグイ押しているにもかかわらず、直線に入った時点で14番手まで後退。普通ならこのままタレてしまうが、残り150mを過ぎると、突然カッツミーのエンジンが点火していきなりフルスロットルに。気が付けばゴール直前、先に抜け出したレニングラードをクビだけ捕らえて1着でゴールした。

いったいどこから伸びてきたのか、その後のレースを見てもなんでこの時だけあんな凄い脚が使えたのか…と、多くのファンを不思議がらせた。まさに一世一代、火事場の馬鹿力のような末脚。この一発でカッツミーは永遠の個性派となった。

（福嶌弘）

＊連闘 前の週に走った馬を翌週も使うこと
＊スタートから五分 出遅れがちな馬が、普通にスタートを切ること

距離もコースも無関係！
8歳まで逃げ続けたマグナーテン

2018年のジャパンCで、アーモンドアイが世界レコードで駆け抜けて以降、ここ数年の日本競馬はレコードラッシュである。21年には1200m、1500m、1800m、2600mで新記録が樹立されている。

そんな中、いまだに塗り替えられないのが02年に記録されたカルストンライトオの芝1000mと、マグナーテンの芝1400m（1分19秒0）だ。

このマグナーテン、今では考えられぬ馬だった。芝1400mの日本記録を塗り替えると、関屋記念（芝1600m）と毎日王冠（芝1800m）を連勝、続くジャパンCで4着してみせた。

通算12勝を挙げた同馬は芝1400m4勝、芝1600m3勝、芝1800mと芝2200m1勝ずつ。加えてダート1600mで2勝、ダート1700mで1勝を挙げている。重賞は関屋記念2勝、毎日王冠、AJCCの4勝だ。02年毎日王冠では海外GI3勝を挙げたエイシンプレストンを2馬身もチギり、04年産経大阪杯ではダービー馬ネオユニヴァースに頭差2着（8歳時）。

日本レコードホルダーは芝だけで22頭いるが、これほど距離適性が広く、しかも芝ダート兼用、8歳まで好走したのはこの馬だけである。

第2章

伝説となった幻の三冠馬　2001年

2001

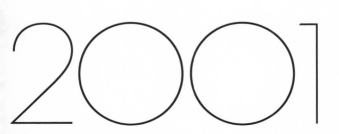

2001年
皐月賞

アグネスタキオン

無敗4連勝で一冠目を奪取
「幻の」と形容される世代最強馬

勝つことが約束されたレース——競走馬にとって、そんなレースを経験できる馬はどれだけいるだろうか。ましてや生涯一度のクラシックレースである皐月賞でそんな経験をしたのは後にも先にもアグネスタキオンただ1頭ではないだろうか。

1つ上の兄はダービーを制したアグネスフライト。母は桜花賞を制したアグネスフローラで祖母にはオークスを制したアグネスレディー…と、一族は揃ってクラシックを制した超名門ファミリーに生まれ育ったアグネスタキオン。普通ならそのプレッシャーに押しつぶされそうになってもおかしくないが、その中でもダントツのスケールを見せ、鞍上を務めた大ベテラン・河内洋に「最も強烈な印象を感じた馬」と言わしめたのがこの馬だった。

3歳12月に迎えたデビュー戦は良血馬がこぞってエントリーしてきたこともあり、意外にも3番人気止まりだったが、いざレースが始まるとモノが違うとばかりに上がり3ハロン33秒台を記録して圧勝。続くラジオたんぱ杯3歳Sではジャングルポケット、クロフネという後のGIホースが集まったが、その中でもアグネスタキオンはひるむことなく突き抜け、3歳レコードを叩き出す快勝を収めた。3歳の暮れにして「クラシック三冠はこの馬で決まり」と多くの識者、ファンが将来に大きな夢を見た。

そしてアグネスタキオンもあまりに大きな夢想を現実のものにしようとした。3歳(旧4歳。2001年より新表記)初戦となった弥生賞はライバル馬が恐れをなして続々と回避してわずか8頭立てに。不良馬場の中でも手前を替えず2着のボーンキングに5馬身差をつけてまたもや圧勝。皐月賞はもはや通過点、その先のダービー、そして菊花賞でどんなレースを見せるかがアグネスタキオンに対する識者・ファン共通の見解となっていった。

そうして迎えた皐月賞、アグネスタキオンが負けるシーンなんて思い浮かばないと言わんばかりの単勝オッズは1・3倍というダントツの1番人気。支持率は歴代2位となる59・4%。圧倒的な数字を記録してアグネスタキオンは約束されたクラシック戴冠へと駒を進めた。

ところがレース直前、ゲートへ入る段階でアグネスタキオンは何を思ったのか、ゲート入りを嫌がるしぐさを見せた。大本命馬らしからぬ振る舞いに場内はざわめいたが、目隠しされて何とかゲートに。そうしてレースが始まるともうひと波乱。今度はゲートが開いた直後に1枠1番に入った2番人気のジャングルポケットが躓き、出遅れるというハプニングが起こった。図らずして後方からのレースになったジャングルポケットだが、それとは対照的にアグネスタキオンは馬群に包まれながらも好位5番手を追走。前走の弥生賞で経験した先行抜け出しをそのままトレースしたかのようなソツのないレース振りは、ここまで無敗のアグネスタキオンらしいものだった。

1000mの通過タイムは59秒9という淀みないペースで流れ、馬群は3コーナーへ。アグネスタキオンが徐々に先頭集団に迫っていくのを待っていましたとばかりに各馬が動き出しペースが上がると後方にいたジャングルポケットのエンジンも点火。外からアグネスタキオンに迫る形で4コーナーを過ぎ、最後の直線を迎えた。

先に抜け出したシャワーパーティーを直線に入って間もなくアグネスタキオンが捉えて先頭に立つと、「ここから何馬身突き放すんだ!」という期待感が先行したのか、場内の盛り上がりがピークに達した。クラシック開幕前から三冠制覇が約束された馬の華麗なる一冠目のゴールがもうそこまで迫っていた。

しかし、そこからのアグネスタキオンの伸びは意外にも平凡だった。残り200mを過ぎて完全に先頭に立ったが、外から迫るジャングルポケット、並んでやってきたダンツフレームの勢いと比べると物足りないものだった。それでも直線で付けたセーフティーリードを保ったアグネスタキオンは迫りくるダンツフレームに1馬身半の差をつけてゴール。無事にクラシック一冠目の皐月賞を制した。

この勝利で兄、母、祖母の鞍上だった河内洋は史上5人目となるクラシック完全制覇を達成し、アグネスタキオン自身も兄アグネスフライトとの兄弟クラシック制覇を果たしたが、これはまだまだ通過点というのが識者、ファンの思い。皐月賞の勝ちっぷりはこれまでの3戦と比べるとちょっと物足りなくも見えたが、ダントツ人気馬がソツのないレースをしたのだから文句のつけようはない。

むしろ初参戦となる東京競馬場で行われるダービーの舞台でこそ、アグネスタキオンの100%のレースが見られるはず…と誰もが信じて疑わなかった。

だが、ダービー当日の東京競馬場にアグネスタキオンの姿はなかった。皐月賞からわずか17日後に左前浅屈腱炎を発症し、ダービーどころかその後のキャリアを閉ざすことになってしまった。誰もが三冠制覇を信じて疑わなかった天才はわずか4戦でターフに別れを告げた。

思えば皐月賞のレース後、河内は「この馬本来の走りではない」と完勝だったにもかかわらず、厳しいコメントを残している。もしかしたらこの時すでに起こっていた愛馬の異変を河内はすでに感じ取っていたのかもしれない。

勝たねばならないレースを確実に勝つという重圧を乗り越えたアグネスタキオンはその後、「幻の三冠馬」として語り継がれる存在になった。

（福嶌弘）

4戦無敗で皐月賞制覇。後のダービー馬に2馬身差の圧勝劇！

桜花賞馬の母はオークス2着後に屈腱炎を発症しており、1つ上の全兄アグネスフライトも屈腱炎で長期休養を余儀なくされるなど、脚元の弱さも遺伝だったのかもしれない。引退後はGI・4勝牝馬ダイワスカーレットやダービー馬ディープスカイ、皐月賞馬キャプテントゥーレなど6頭のGI馬を輩出。JRAの重賞ウイナーは弥生賞優勝アドマイヤオーラを筆頭に32頭にもおよび、2008年にはリーディングサイアーに輝いている。母の父としてはフェブラリーS優勝馬ノンコノユメや芝ダート重賞ウイナーのワイドファラオなどを出している。“GII重賞の常連”アクションスターの引退（21年）により、現役産駒はいなくなった。

アグネスタキオン

性別 牡

毛色 栗毛

生誕 1998年4月13日

死没 2009年6月22日

父 サンデーサイレンス

母 アグネスフローラ（母父・ロイヤルスキー）

調教師 長浜博之（栗東）

生涯成績 4-0-0-0

獲得賞金 2億2208万円

勝ち鞍 皐月賞　弥生賞　ラジオたんぱ杯3歳S

第61回皐月賞（GI）
芝右2000m　晴　良　2001年4月15日　11R

着順	枠番	馬番	馬名	性齢	斤量	騎手	タイム	着差	人気
1	4	7	アグネスタキオン	牡3	57	河内洋	2:00.3		1
2	7	14	ダンツフレーム	牡3	57	藤田伸二	2:00.5	1.1/2	3
3	1	1	ジャングルポケット	牡3	57	角田晃一	2:00.6	1/2	2
4	7	13	シンコウカリド	牡3	57	田中勝春	2:00.8	1.1/2	7
5	1	2	ダービーレグノ	牡3	57	幸英明	2:00.9	1/2	12
6	5	10	ミスキャスト	牡3	57	横山典弘	2:01.2	1.3/4	5
7	7	15	スキャンボーイ	牡3	57	加藤和宏	2:01.3	1/2	18
7	8	16	カオリジョバンニ	牡3	57	田面木博公	2:01.3	同着	17
9	5	9	ミヤビリージェント	牡3	57	坂井千明	2:01.4	クビ	15
10	6	11	カシマサキモリ	牡3	57	吉田豊	2:01.4	ハナ	16
11	3	6	ビッグゴールド	牡3	57	村本善之	2:01.4	ハナ	9
12	4	8	ダークウィザード	牡3	57	武幸四郎	02:01.5	1/2	10
13	2	3	テイエムゴーカイ	牡3	57	中舘英二	2:01.8	2	11
14	8	18	シャワーパーティー	牡3	57	四位洋文	2:01.8	ハナ	6
15	3	5	ミカダンディー	牡3	57	江田照男	2:02.5	4	13
16	6	12	ボーンキング	牡3	57	柴田善臣	2:02.6	クビ	4
17	8	17	ミレニアムバイオ	牡3	57	松永幹夫	2:03.0	2.1/2	8
18	2	4	シュアハピネス	牡3	57	北村宏司	2:03.1	1/2	14

第61回皐月賞（GI）

芝2000m
2001年4月15日（日）
中山11R

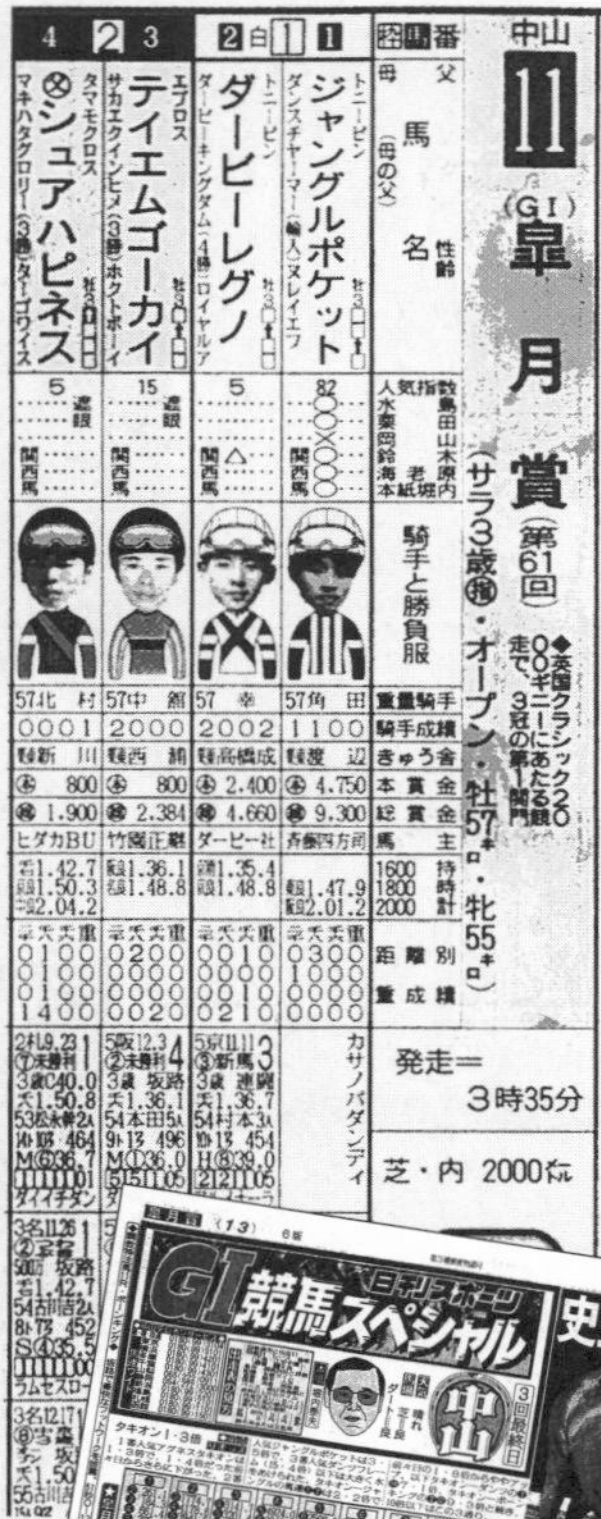

中山 11 R
（GI）皐月賞（第61回）
（サラ3歳（指）・オープン・牡57キロ・牝55キロ）
◆英国クラシック2000ギニーにあたる鏡走で、3冠の第1関門

発走＝3時35分
芝・内 2000なし

枠	馬番	父 / 馬名 / 母（母の父）	性齢	重量騎手	騎手成績	きゅう舎	本賞金	総賞金	馬主	持時計
1白	1	トニービン / ジャングルポケット / ダンスチャーマー（輸入）ヌレイエフ	牡3	57角田	1100	美浦 渡辺	4,750	9,300	斉藤四方司	1800 1.47.9 / 2000 2.01.2
2	2	トニービン / ダービーレグノ / ダービーキングダム（4勝）ロイヤルア	牡3	57幸	2002	栗東 高橋成	2,400	4,660	ダービー社	1600 1.35.4 / 1800 1.48.8
2	3	エブロス / ティエムゴーカイ / サカエクインビメ（3勝）ホクトボーイ	牡3	57中舘	2000	美浦 稲	800	2,384	竹園正継	1600 1.36.1 / 1800 1.48.8
2	4	タマモクロス / ⊗シュアハピネス / マキハタグロリー（3勝）ターゴワイス	牡3	57北村	0001	美浦 新川	800	1,900	ヒダカBU	1600 1.42.7 / 1800 1.50.3 / 2000 2.04.2

カサノバダンディ

GI 競馬スペシャル
日刊スポーツ
2001年（平成13年）4月15日 日曜日
史上最年少キャリア3戦目Vだ
常識破る
常識超える強さのタキオンより上昇
⑩ミスキャスト
ウッドコースラスト12秒0
「最後の切れ抜群」

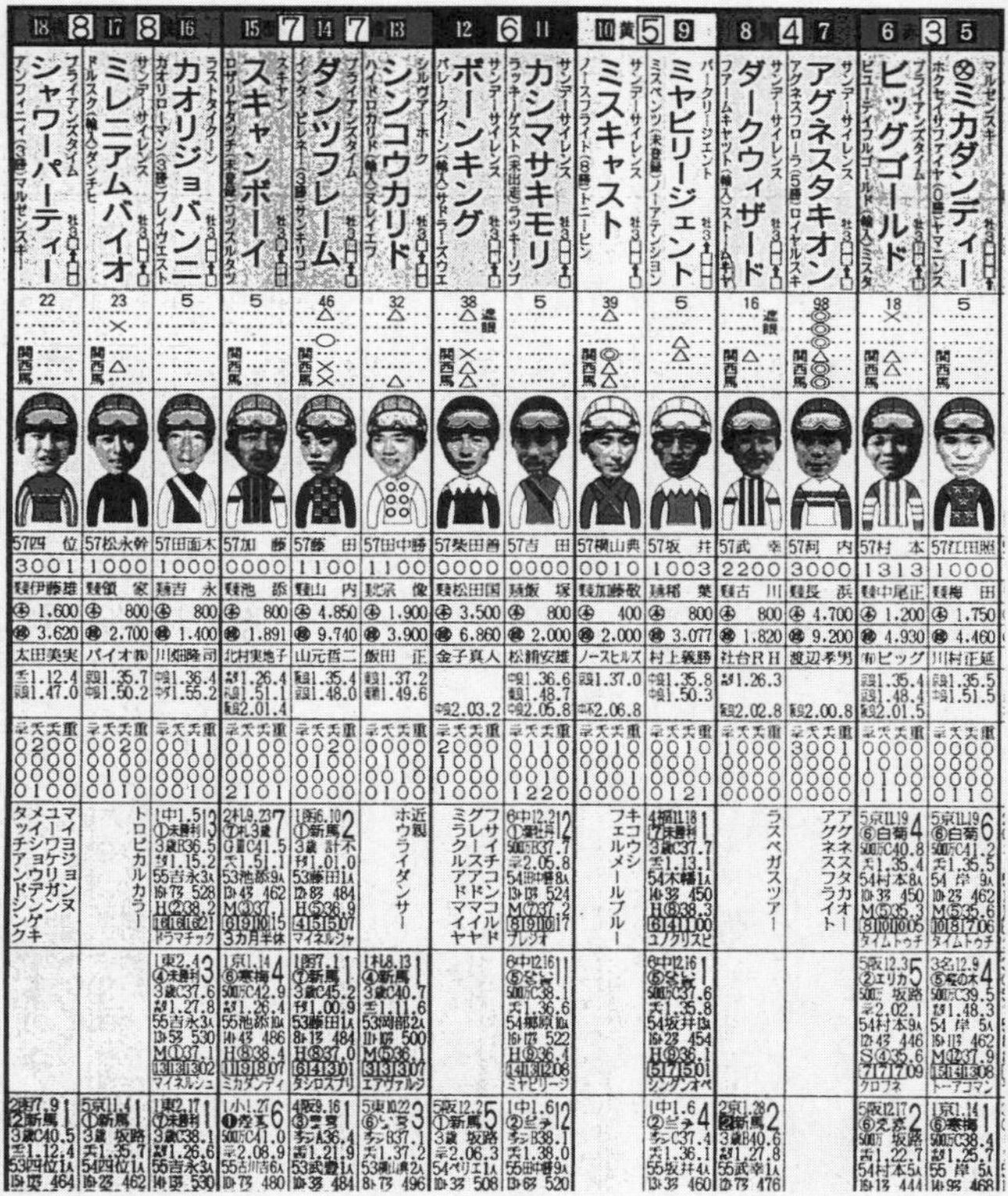

日刊スポーツ新聞社

アグネスタキオン、無敗の進撃を達成

圧倒的な実績を持つアグネスタキオンに対し、紙面で推されたのはミスキャスト。ここではアグネスタキオンから0.9秒差の6着に敗れたものの、種牡馬として2012年天皇賞・春を制するビートブラックを輩出した。ほとんどの二重丸がアグネスタキオンに集中し、その年のダービー馬となるジャングルポケットは対抗止まり。本紙見解には「タキオン無敗進撃濃厚」の文字も。

2001年
天皇賞・秋

アグネスデジタル

二刀流は結果で黙らせる
智将・白井寿昭の戦略と確信

明るい話題が少ない世間を希望の灯のごとく照らし続ける「二刀流」という言葉。アメリカで二刀流といえば、いまやベーブ・ルースではなく、日本人の大谷翔平のことを指す。メジャースポーツの野球で日本人が全米の英雄になることのすごさは表現しきれない。一方、日本の競馬で二刀流というと、アメリカで生まれた、いわゆる外国産馬のアグネスデジタルがいる。アメリカに渡った大谷翔平、日本にやってきたアグネスデジタル。二刀流はいつの時代も既成概念を覆し、奇跡の物語を紡ぐ。そのひとつが2001年天皇賞・秋である。

天皇賞は競走馬の輸入自由化にあわせ、71年から外国産馬が出走できなくなった。外国産馬とは通称マル外と呼ばれ、日本国外で生産され、日本に輸入された競走馬のことを示す。シンコウラブリイ、ヒシアマゾン、タイキシャトルなど日本競馬の歴史を彩った外国産馬たちは、一方で内国産馬を保護する目的で作られた出走制限の壁に阻まれてきた。ＪＲＡは国際化を推し進めるにあたり、00年から外国産馬の規制撤廃に向け舵を切る。その筆頭が天皇賞だった。00年から外国産馬に出走枠を2頭設け、その元年はメイショウドトウ2着、イーグルカフェ4着という結果だった。

開放2年目にあたる01年は前年2着、宝塚記念で宿敵テイエムオペラオーを破ったメイショウドトウ、そして外国産馬へのクラシック開放元年に出現した怪物・クロフネが出走を表明。テイエムオペラオーら古馬勢との初対決が話題になった。この2頭が出走すると思われたところに割り込むような形になったのがアグネスデジタルだった。ダートで着実に実績を積み重ねながら、前年マイルCSで驚異的な末脚を繰り出し、芝で初GⅠ制覇を決め、この秋はマイルCS南部杯を勝ち、グレード制導入後初の芝、ダートGⅠ制覇を達成。二刀流を強く印象づけた。賞金加算したことで、白井寿昭調教師は次走を天皇賞・秋に変更。外国産馬の出走枠は2、3頭以上の場合は賞金順で決まるため、クロフネが除外されることになった。古馬一線級との対決を待ち望む人々にとって、アグネスデジタルの参戦は受け入れがたいものだった。すでに二刀流としての実力は証明していたものの、いずれもマイル戦であり、2000mの天皇賞・秋に出走する意義を理解できなかった。クロフネ除外への恨み節が方々から聞こえるなか、アグネスデジタルはレースを迎えた。

当日は朝から雨が降り、芝はやや重から重へと悪化、新馬戦こそローエングリンが逃げ切ったが、以後は内側が伸びず、外側のコンディションがよかった。主役のテイエムオペラオーは前年全勝、この春もGⅠ・1勝2着1回、秋初戦の京都大賞典も繰りあがりではあったが勝利、依然として衰えを見せない。これを宝塚記念で破ったメイショウドトウと7歳で覚醒したステイゴールドが対抗評価。いずれも道悪に実績があり、減点材料にあたらなかったことも手伝い、アグネスデジタルは4番人気に評価されたものの、単勝20倍と上位3頭とは離れていた。

管理する白井調教師は当日、騎乗する四位洋文騎手にこう告げたという。

「4コーナーを回ったら、スタンドに向かって走れ」

四位騎手は後方から外目をジワリと追い上げ、残り800m標識付近からアグネスデジタルに合図を送り、白井師の言葉通り、最終コーナーを回ると、馬場の大外へ持ち出す。前にいるのは想定外の逃げる形になったメイショウドトウ、そして好位から抜け出し、先頭に立つテイエムオペラオー。その刹那、遥か外からアグネスデジタルが襲いかかる。テイエムオペラオーは競り合う形にさえなれば、ハナでもクビでも前に出る勝負根性が武器。一発にかけるならば、メイショウドトウの宝塚記念のように先に動いて封じるか、遠いところから出し抜けを食らわすしかない。白井師の指示はこれを意図していた。アグネスデジタルは猛烈な末脚でテイエムオペラオーに併せることなく、瞬く間に王者をとらえた。

クロフネ除外を巡る顛末は、最終的にアグネスデジタルの勝利によって、45年ぶりの外国産馬の天皇賞制覇という形で幕を閉じた。白井師の戦略と四位騎手の的確な騎乗、そして二刀流アグネスデジタルの底力によってつかんだ栄光は、クロフネを除外に追いやったことへの批判をすべて封じた。大谷翔平も打者に専念してはどうかといった外野の声をホームランとスプリット*でかき消してみせた。すべては結果で黙らせる。これが二刀流の流儀だ。

天皇賞・秋を除外され、目標を失ったクロフネは前日の武蔵野Sに出走、度肝を抜く走りで9馬身差圧勝。次走ジャパンCダートとともに芝もダートも同じような時計を記録、我々を驚愕させ、そして伝説になった。一方、アグネスデジタルも香港C、フェブラリーSと芝、ダートのGIを連勝、マルチな才能を爆発させた。アグネスデジタルの天皇賞・秋参戦は、結果としてクロフネの二刀流まで証明し、新伝説のきっかけになったのだ。

天皇賞は05年に外国産馬への出走制限を撤廃、いまやクラシックもフルゲートの半数にあたる9頭に開放されている。外国産馬に対する出走制限がなくなる一方、内国産馬のレベルがあがり、外国産馬の需要は落ち、頭数自体が減った。規制緩和と頭数減少が同時に起きるとはなんとも皮肉なものである。これまで外国産馬への出走制限は様々なドラマを生んできた。01年天皇賞・秋は外国産馬の不自由が生んだ最後の物語だった。

（勝木淳）

＊スプリット　打者の手元で落ちる変化球。正式名称は「スプリットフィンガーファストボール」

GI・7勝のオペラオーに1馬身差。豪快な差し脚でGI連覇！

白井寿昭調教師が自らアメリカで発掘、セリではなく直接取引で馬主の渡辺孝男氏によって購入された。血統背景を考慮し、デビュー当初はダートを主戦場に活躍、賞金を積んだ3歳春は一転して芝に挑戦。マル外ダービーとも称されたNHKマイルCを最大目標にするも、7着という結果に。再びダートを中心に使われたのち、秋には芝のマイルCSに挑戦。13番人気ながら大外一気を決める。芝ダート兼用の二刀流の血は、南関東牝馬二冠のトーセンガーネットなど地方競馬を中心に活躍馬を送り出した。

アグネスデジタル

性別　牡

毛色　栗毛

生誕　1997年5月15日〜

父　Crafty Prospector

母　Chancey Squaw（母父・Chief's Crown）

調教師　白井寿昭（栗東）

生涯成績　12-5-4-11

獲得賞金　7億3092万5000円

勝ち鞍　マイルCS　マイルCS南部杯　天皇賞・秋　香港C
フェブラリーS　安田記念　全日本3歳優駿　名古屋優駿
ユニコーンS　日本テレビ盃

第124回天皇賞・秋　（GI）
芝左2000m　雨　重　2001年10月28日　11R

着順	枠番	馬番	馬名	性齢	斤量	騎手	タイム	着差	人気
1	7	10	アグネスデジタル	牡4	58	四位洋文	2:02.0		4
2	5	6	テイエムオペラオー	牡5	58	和田竜二	2:02.2	1	1
3	2	2	メイショウドトウ	牡5	58	安田康彦	2:02.6	2.1/2	2
4	6	8	イブキガバメント	牡5	58	河内洋	2:02.7	3/4	5
5	7	11	ダイワテキサス	牡8	58	柴田善臣	2:02.8	クビ	11
6	5	7	メイショウオウドウ	牡6	58	飯田祐史	2:03.1	1.3/4	9
7	4	4	ステイゴールド	牡7	58	武豊	2:03.4	1.3/4	3
8	8	13	トレジャー	牡3	56	岡部幸雄	2:03.5	1/2	7
9	1	1	ロサード	牡5	58	横山典弘	2:03.6	1/2	6
10	8	12	ジョウテンブレーヴ	牡4	58	蛯名正義	2:03.7	3/4	8
11	3	3	トーホウドリーム	牡4	58	江田照男	2:04.0	2	10
12	6	9	サイレントセイバー	牡6	58	田中勝春	2:04.2	1.1/2	13
13	4	5	サイレントハンター	牡8	58	吉田豊	2:04.8	3.1/2	12

2001年
宝塚記念

メイショウドトウ

宿命の難敵をついに撃破
4角先頭の勝負策が掴んだ執念の勝利

「アイツさえ、いなければ」

そんな情感を抱かざるを得ない相手が、時として人生には現れる。

2001年6月24日。夏のグランプリ、GI宝塚記念に臨んだメイショウドトウと安田康彦騎手にとっては、そんな不倶戴天の「アイツ」がいた。

しかし意外にも、先に初勝利の凱歌を揚げたのは、メイショウドトウの方である。遡ること2年半、99年1月16日の京都競馬場。第4レースの新馬戦を後方から脚を伸ばして勝った、メイショウドトウ。一方、第2レースの未勝利戦で4着に敗れていたのがその「アイツ」、テイエムオペラオーだった。

同じ年に生を受け、同じ日、同じ競馬場で交差した2頭の運命は、数奇な縁を辿っていく。

その未勝利戦の後から、破竹の4連勝でGI皐月賞まで制し、アドマイヤベガ、ナリタトップロードとともにクラシックで三強を形成したテイエムオペラオー。年が明けて古馬になってからは、無人の荒野を往くが如く、連勝街道を突き進む絶対王者として君臨していく。

一方のメイショウドトウは外国産馬であったため、当時の制度上クラシック競走への出走権がなかったが、ゆっくりと、しかし着実に地力をつけていく。3歳秋にオープン入りを果たすと、持ち前の安定した先行力を活かして翌年春のGⅢトヨタ賞中京記念、GⅡ金鯱賞と重賞を制覇。その才能を開花させていく。

そして迎えた00年宝塚記念、邂逅を果たした両雄の初めての直接対決は、テイエムオペラオーがクビ差で差し切り勝利を挙げた。それからGⅠの舞台での対決を重ねること、延べ5回。

天皇賞・秋、2馬身1／2差。ジャパンC、クビ差。有馬記念、ハナ差。天皇賞・春、1／2馬身差。すべてテイエムオペラオーに軍配が上がり、すべてメイショウドトウは2着に。

「アイツさえいなければ」

メイショウドトウ陣営やファンにとっては、そんな恨み節も言いたくなるような、惜敗の連続。01年のGⅠ宝塚記念は、そんなメイショウドトウの6度目のGⅠ挑戦だった。

宝塚記念専用のファンファーレの余韻が阪神競馬場のスタンドに残る中、ゲートが開く。

好発を決めたメイショウドトウの安田騎手だったが、ハナを主張するまでは至らない。その外からホットシークレットがじわりと脚を伸ばし、緩やかに先手を奪っていった。

1コーナーに差し掛かるあたりで隊列は整い、メイショウドトウは4番手を追走。一方のテイエムオペラオーと和田竜二騎手は、馬群の中団あたりを進んでいるが、内にトーホウドリームの安藤勝己騎手、外にダイワテキサスの岡部幸雄騎手と名手二人に囲まれている。さらにその後ろからは、後藤浩輝騎手のステイゴールドがぴたりとマークして追走している。

レースは淡々とした流れで3コーナーが近づくと、ぎゅっと12頭の馬群が縮まっていく。

残り800mの標識を過ぎたあたりで、赤い帽子が動いた。

メイショウドトウだ。抜群の手応えとともに、外を駆け上がっていく。

厳しいマークで動けないテイエムオペラオーを尻目に、4コーナーで早くも先頭に立つ。

古くは91年宝塚記念でメジロライアンと横山典弘騎手が、当時GI連勝中だったメジロマックイーンを破り、悲願のGI制覇を成し遂げた戦法、4角先頭。乾坤一擲《けんこんいってき》の勝負策。

それは撃沈のリスクと背中合わせであり、乗る者の度胸と矜持、そして騎乗馬への信頼を試す。

しかし、安田騎手の手綱に、迷いはなかった。

勝ちたいから、前へ。「アイツ」よりも、もっと、前へ。

その想いの強さと同じだけ、脚を失くして馬群に沈む恐怖があり、後ろ髪を引くのだろう。

それでも、前へと向かう推進力を支えるのは、意地か、勇気か、それとも執念か。

一方、厳しい包囲網から抜け出せず、さらには4コーナーで立ち上がるほどの不利を受け、絶望的な位置まで押し下げられたテイエムオペラオー。しかし、ようやく外に持ち出すことに成功すると、和田騎手は必死に追った。その檄に応えて鬼脚を繰り出し、伸びに伸びる。粘る先頭のホットシークレットを競り落とし、初の戴冠に手を伸ばすメイショウドトウ。大外から豪脚を伸ばし迫るテイエムオペラオー。しかし、届かない。

——メイショウドトウ、悲願のGI初制覇。

6度目の挑戦、1年越しの宿願を果たした喜びを、高々と左手を上げて爆発させる安田騎手。少しだけ外に視線を送った先には、テイエムオペラオーの姿があった。

それから半年ほど時が流れた、02年1月13日。長きにわたり古馬戦線の頂上で勝負を繰り広げた2頭は、京都競馬場で合同の引退式を行った。たくさんの温かな視線が、2頭を包んでいた。

「アイツさえ、いなければ」

そんな情感を抱かざるを得ない相手が、時として人生には現れる。けれど、どんなに悶え、苦しみ、葛藤しようとも。結局のところ最後は感謝に変わる。

「アイツが、いてくれたからこそ」

そんな情感を呼び起こしてくれる、メイショウドトウの01年宝塚記念。

（大嵜直人）

6度目の挑戦で宿敵を倒し念願のGI勝利。9億円を獲得した“シルバーコレクター”。

どうしても惜敗の多いイメージが付いて回るが、GIII は 1 戦 1 勝、GII でも金鯱賞以降は 3 戦全勝だった。特に天皇賞・秋、ジャパン C、有馬記念と 3 戦連続 2 着となった後の日経賞では、マチカネキンノホシらを相手に単勝 1.1 倍と圧倒的な支持を集めている。そうした実力派だけに、彼に勝ち続けたテイエムオペラオーの凄みも際立った。古馬になってから引退まで第一線で戦い続けながらも掲示板を一度も外さなかった安定感も魅力。母父の Affirmed はメイショウドトウの他に、母父としてナリタトップロード、スティンガーらを輩出している。

メイショウドトウ

性別	牡
毛色	鹿毛
生誕	1996年3月25日〜
父	Bigstone
母	プリンセスリーマ（母父・Affirmed）
調教師	安田伊佐夫（栗東）
生涯成績	10-8-2-7
獲得賞金	9億2133万円
勝ち鞍	宝塚記念　金鯱賞　オールカマー　日経賞　中京記念

第42回宝塚記念（GI）
芝右2200m　晴　良　2001年6月24日　11R

着順	枠番	馬番	馬名	性齢	斤量	騎手	タイム	着差	人気
1	3	3	メイショウドトウ	牡5	58	安田康彦	2:11.7		2
2	4	4	テイエムオペラオー	牡5	58	和田竜二	2:11.9	1.1/4	1
3	5	6	ホットシークレット	セ5	58	柴田善臣	2:11.9	ハナ	8
4	7	9	ステイゴールド	牡7	58	後藤浩輝	2:12.1	1.1/2	5
5	6	8	エアシャカール	牡4	58	蛯名正義	2:12.3	1.1/4	3
6	8	11	アドマイヤボス	牡4	58	K.デザーモ	2:12.3	ハナ	4
7	6	7	ダイワテキサス	牡8	58	岡部幸雄	2:12.4	3/4	9
8	8	12	マックロウ	牡4	58	藤田伸二	2:12.7	2	7
9	7	10	アドマイヤカイザー	牡5	58	芹沢純一	2:12.8	クビ	11
10	5	5	トーホウドリーム	牡4	58	安藤勝己	2:12.9	3/4	6
11	2	2	ダービーレグノ	牡3	53	幸英明	2:13.5	3.1/2	12
12	1	1	ミッキーダンス	牡5	58	河内洋	2:13.6	クビ	10

2001年
エリザベス
女王杯

トゥザヴィクトリー

海外帰り初戦での華麗なるイメチェン
脚質転換を成功させて悲願の初GI制覇

夏休み明け、久しぶりに会ったクラスメイトの変貌ぶりに驚いたことがあった。とある女子のクラスメイトが髪形を変え、メガネをコンタクトレンズにして雰囲気がガラリと変わっていたのである。休みの前までは気軽に声を掛けていたのにそれが許されないような存在に感じられる…。今回の主役・トゥザヴィクトリーも、海外遠征とその後の休養を挟んだことで、それまでとは別の馬のように変貌を遂げた一頭として記憶に残っている。

トゥザヴィクトリーは春のクラシックの頃から世代トップクラスの素質があると言われていたが、なかなかGIには手が届かない馬だった。桜花賞はプリモディーネの3着、オークスはウメノファイバーのハナ差の2着。そしてローズS4着というステップから挑んだ秋華賞は1番人気に支持されたものの13着。終わってみればGIどころか重賞も勝つことができない1年となった。

しかし4歳となったトゥザヴィクトリーは札幌のクイーンS、東京での府中牝馬Sと芝1800mの牝馬限定重賞を連勝。いよいよ本格化したと言われたものの、2000年のエリザベス女王杯は4着に惜敗。とはいえ、重賞未勝利だった3歳時、そしてGⅢを連勝した4歳と少しずつ力をつけていたのは間違いなかった。

5歳となった2001年の初戦はダートのフェブラリーSから始動し3着。そしてその後は海を渡ってドバイWCに出走し2着と好走。日本からの遠征馬が初めてこのレースで連対したことは歴史的な快挙ではあったものの、それでもGI制覇とはならなかった。

トゥザヴィクトリーは帰国後しばらく休養。秋は芝ダートどちらの路線を歩むのか——GI制覇に向けてどのようなローテーションを組むのか、大いに注目されていた。陣営が出した結論は「芝路線」。しかも休み明けのぶっつけで、GIのエリザベス女王杯を使うというものだった。令和の時代の競馬ではステップレースを使わないローテーションも珍しくないが、この当時にそのようなレース選択をしたことは衝撃的だった。

3歳馬限定から古馬混合のレースに衣替えをして6回目となった、この年のエリザベス女王杯。レースのポイントは「3歳馬と古馬勢の力関係」を見極めることだった。クラシック路線で上位争いをした勢いのある3歳馬なのか、実績十分の古馬なのか。

この年の上位人気に推されていたのは3歳世代だった。桜花賞と秋華賞の二冠を達成したテイエムオーシャンが1番人気。オークスと秋華賞でどちらも2着となり悲願のGI勝利を目指すローズバドが2番人気。オークスに勝ち秋華賞でも3着となったレディパステルが3番人気と、この年のクラシック路線を賑わせた3歳馬が上位人気を占めていた。

5歳のトゥザヴィクトリーはそれに続く4番人気。1歳年下の4歳馬のティコティコタックやヤマカツスズランより評価はされていたものの、斤量面での恩恵もある3歳馬に分があるのでは、というのが大方の予想だった。

けれどなかなか予想通りとはいかないのが競馬である。先行すると思われていたトゥザヴィクトリーだったが、レースが始まると前に行こうとする素振りすら見せることなく馬群の後方を追走したのだった。それまでのレースではどんなに後ろの位置取りでも5番手だったトゥザヴィクトリーが、後ろから数えた方が早い10番手あたりを追走していたのを見て「今日はこの馬の出番はないな」と思ったファンも少なくなかっただろう。けれど、それは甘い見通しだと数分後に思い知らされることとなる。1000m通過タイムは58秒5というハイラップ。ヤマカツスズランとタイキポーラが飛ばしてハイペースとなり、先行馬には辛い展開、後方待機策を取った馬に有利な流れとなった。最後の直線で早めに先頭に立った人気のテイエムオーシャンを飲み込んで、差し・追い込み馬がやって来る。トゥザヴィクトリーだけでなく、脚を溜めていたローズバド、さらにティコティコタックと3頭が並んでゴールイン。際どい勝負は写真判定に持ち込まれた。

勝ったのはトゥザヴィクトリーと武豊騎手のコンビ。ハナ差だった。これまでとは全く違う戦法で、もし大敗をしたら何を言われるかわからない状況下でも、勝利に導いた武豊騎手の手綱さばきは見事の一言だった。

「トゥザヴィクトリーを勝たせるには、この方法しかないと思った」というコメントをレース後に発した武豊騎手。計算しつくされたこの天才騎手の作戦によって、トゥザヴィクトリーは嬉しいGI初勝利となった。

このエリザベス女王杯の後はジャパンCにも出走。道中で折合いを欠いてしまい14着と大敗を喫してしまったが、秋3戦目となった有馬記念ではマイペースの逃げでゴール直前まで粘る走りを見せ3着と好走。このレースに出走し5着だったテイエムオペラオーにも先着、結果として「唯一、テイエムオペラオーに先着した牝馬」となった。

これらの走りが評価されたトゥザヴィクトリーはこの年の最優秀4歳以上牝馬のタイトルを獲得した。先行して詰めが甘かった馬が、後方待機策から末脚を伸ばしてGI制覇。私の中でトゥザヴィクトリーは華麗にイメージチェンジを成功させて「気軽に声を掛けられない存在」に変わった馬として、今でも記憶に残る。

（並木ポラオ）

GⅠ挑戦7度目にして女王の座に。2走後には有馬記念3着と好走した。

栗東の池江泰郎厩舎に在籍していた現役時代、身の回りの世話をしていたのは市川明彦厩務員。競馬界に入る前はJAでの勤務経験があり、後にディープインパクトも担当することになる腕利きの厩務員だった。トゥザヴィクトリーは11頭の子供を産み、産駒の合計勝利は36勝。うち重賞勝利馬を3頭輩出した。トゥザヴィクトリーも有馬記念で3着に好走したが、産駒のトゥザグローリーが2年連続で有馬記念3着、トゥザワールドも有馬記念2着となり、コース相性の良さを伝えている。また、二番仔のアゲヒバリは繁殖入り後にリオンリオンやメドウラークといった重賞勝ち馬を輩出。今後も牝系が伸びていくことが期待されている。

トゥザヴィクトリー

性別

毛色 鹿毛

生誕 1996年2月22日〜

父 サンデーサイレンス

母 フェアリードール（母父・Nureyev）

調教師 池江泰郎（栗東）

生涯成績 6-4-4-7

獲得賞金 6億7762万

勝ち鞍 エリザベス女王杯　阪神牝馬特別　クイーンS　府中牝馬S

第26回エリザベス女王杯（GI）
芝右　外2200m　晴　良　2001年11月11日　11R

着順	枠番	馬番	馬名	性齢	斤量	騎手	タイム	着差	人気
1	7	13	トゥザヴィクトリー	牝5	56	武豊	2:11.2		4
2	2	2	ローズバド	牝3	54	横山典弘	2:11.2	ハナ	2
3	4	7	ティコティコタック	牝4	56	武幸四郎	2:11.2	ハナ	5
4	6	11	レディパステル	牝3	54	蛯名正義	2:11.2	クビ	3
5	1	1	テイエムオーシャン	牝3	54	本田優	2:11.3	クビ	1
6	5	8	カリスマサンオペラ	牝4	56	幸英明	2:11.5	1.1/4	13
7	8	14	タフネススター	牝4	56	松本達也	2:11.7	1.1/4	8
8	4	6	メジロサンドラ	牝5	56	熊沢重文	2:11.7	クビ	9
9	5	9	マルカキャンディ	牝5	56	福永祐一	2:12.1	2.1/2	7
10	7	12	ポイントフラッグ	牝3	54	須貝尚介	2:12.3	1.1/2	14
11	8	15	ヤマカツスズラン	牝4	56	池添謙一	2:12.7	2.1/2	10
12	6	10	スリーローマン	牝4	56	四位洋文	2:12.8	3/4	11
13	2	3	スプリングチケット	牝4	56	角田晃一	2:13.1	1.3/4	6
14	3	5	タイキポーラ	牝5	56	松永幹夫	2:13.6	3	12
15	3	4	マイニングレディ	牝3	54	小林徹弥	2:14.3	4	15

2001年
ジャパンC

ジャングルポケット

「東京コースでしか走らない」想像が証明された「打倒オペラオー」

史上最強世代――そう感じさせるのが2001年の3歳世代だ。

アグネスタキオンは4戦4勝で皐月賞を制覇。

クロフネはNHKマイルCを勝ち、秋にはジャパンCダートも制した。

上がり馬のマンハッタンカフェは菊花賞、有馬記念、天皇賞・春を制覇。

そしてダービー馬ジャングルポケットはジャパンCを制した。

中距離、長距離、そしてダートと、異なる条件を同世代の4頭が席捲してしまった。

しかも、4頭とも種牡馬として成功を収めている。それぞれの代表産駒はGI・4勝ダイワスカーレット（アグネスタキオン）、天皇賞馬トーセンジョーダン（ジャングルポケット）、桜花賞馬ソダシ（クロフネ）、エリザベス女王杯優勝クイーンズリング（マンハッタンカフェ）。

こんな世代は記憶にない。

アグネスタキオンが勝ったラジオたんぱ杯3歳Sは2着がジャングルポケット、3着がクロフネ。3頭の激戦という意味で有名になったが、この世代のレベルの高さを物語る結果はほかにもある。

たとえばジャングルポケットの新馬戦には、後の朝日杯3歳S優勝馬メジロベイリーが出走していた。ジャングルポケットと好勝負したか…と思いきや9馬身ほど差をつけられての5着に終わっている。メジロベイリーのGI制覇により、ジャングルポケットの評価は高まった。

しかも、この新馬戦に出走した8頭はいずれも新馬戦か未勝利戦を勝っている。年間7000頭ほどが生産されるなかで、JRAで勝利を挙げる馬は1300頭ほど。勝ち星を挙げずにターフを去る馬が多勢を占める。ハイレベルな一戦だった。

2戦目の札幌3歳Sで3着に下した相手は桜花賞馬テイエムオーシャン。同馬が桜花賞を制すると、ジャングルポケットの能力が、私の中で跳ね上がった。

同時に、ジャングルポケットのレース結果にやきもきさせられた。皐月賞ではゲートが開くと同時に大きくつまずいて出遅れ。上がり2位の時計で3着に食い込んでいることからも、もったいなさを感じてならなかった。

アグネスタキオンの故障で1番人気となったダービーでは直線勝負で皐月賞2着馬ダンツフレームを下した。同馬との着差1馬身半は、アグネスタキオンが皐月賞でつけた着差と同

＊折返しの新馬戦　初めての新馬戦で負けた馬が、同じ開催の翌週以降の新馬戦に再度出走すること。現在は廃止されている

じである。

ようやく日本一を証明したと思いきや、続く札幌記念でエアエミネムに2馬身半差の3着。菊花賞では折り合いを欠いてマンハッタンカフェの4着。

一介の競馬ファンである私でさえ「なにをやってんだ」と感じたのだから、陣営の悔しさは並大抵ではなかっただろう。次走のジャパンCでは鞍上がペリエに替わった。

札幌記念はダービーの疲労、菊花賞は距離適性。こうした敗因をイメージした私は、ダービー直後のジャングルポケットを思い出した。レース後に角田コールが沸き起こった直後、ジャングルポケットはスタンドに向かっていななないたのである。

その姿は闘争心の塊であるかのようにも思えた。こうしたタイプは能力こそ高いが器用さは持ち合わせていない。事実、それまでの戦歴をみていると、器用さが要求される直線の短いコースは合わないようにも感じた。

逆に東京コースでは、この馬の持てる力が発揮されるのではないか。共同通信杯と日本ダービーを楽勝している実績からも、そのイメージは「当たらずとも遠からず」との感があった。

トニービン産駒のエアグルーヴはオークスと秋の天皇賞を制した。サクラチトセオーも秋の天皇賞を勝っている。ノースフライトの安田記念と府中牝馬S、オフサイドトラップの天皇賞・秋、ウイニングチケットの日本ダービー、ベガのオークス、エアダブリンの青葉賞とダービー2着。レディパステルのオークス。

そう、トニービン産駒は東京での活躍率が他のコースと比較にならなかったことも、想像を後押ししてくれた。

続くジャパンCは、ダービーと同じ東京2400mである。私はジャングルポケットの単勝で勝負することにした。「トニービン産駒は東京が自分の庭」——この説が当たっているのではないか、と感じたためである。

レースは6番手を進んだGI・7勝の1番人気テイエムオペラオーが直線で抜け出した。ああ、やはりオペラオーは強い、と思った次の瞬間、後方にいたジャングルポケットが次第に差を詰めてきた。届かない、と感じるも一完歩ごとに差を詰めて鼻面を合わせてゴールイン。直後、鞍上のO・ペリエが手を上げたことで、ジャングルポケットが勝ったことがわかった。

古馬になって阪神大賞典を2着した後、春の天皇賞でマンハッタンカフェに詰め寄った。東京コースではないため馬券からは外していたが、クビ差の2着は武豊の腕だった気がする。

秋のジャパンCは東京コースの改装工事による中山開催でファルブラヴの5着。続く有馬記念の7着を最後にターフを去った。

（小川隆行）

東京コース3戦3勝。“府中の鬼”は種牡馬としてGI馬8頭を送り出した。

ジャングルポケットの産駒はジャガーメイル（天皇賞・春）、クィーンスプマンテ（エリザベス女王杯）、オウケンブルースリ（菊花賞）、トールポピー（オークス、阪神JF）、トーセンジョーダン（天皇賞・秋）、アヴェンチュラ（秋華賞）とJRAのGIを7勝。ダートでもアウォーディー（JBCクラシック）とディアドムス（全日本2歳優駿）がGI馬となるなど、サンデーサイレンスの後継種牡馬が席捲した時代に存在感を知らしめた。ブルードメアとしては重賞3勝ミッキースワロー（父トーセンホマレボシ）を出したがGIは未勝利。東京コースが得意だった種牡馬との配合で、ダービーやジャパンCを制するシーンを見てみたいものである。

ジャングルポケット

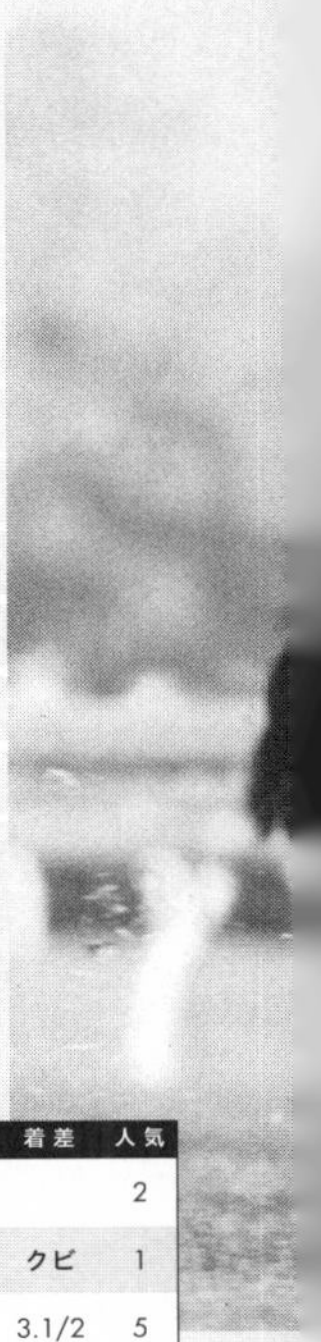

性別 牡

毛色 鹿毛

生誕 1998年5月7日

死没 2021年3月2日

父 トニービン

母 ダンスチャーマー（母父・Nureyev）

調教師 渡辺栄（栗東）

生涯成績 5-3-2-3

獲得賞金 7億425万円

勝ち鞍 日本ダービー　ジャパンC　共同通信杯　札幌3歳S

第21回ジャパンカップ（GⅠ）
芝左2400m　晴　良　2001年11月25日　10R

着順	枠番	馬番	馬名	性齢	斤量	騎手	タイム	着差	人気
1	4	6	ジャングルポケット	牡3	55	O.ペリエ	2:23.8		2
2	3	4	テイエムオペラオー	牡5	57	和田竜二	2:23.8	クビ	1
3	6	10	ナリタトップロード	牡5	57	渡辺薫彦	2:24.4	3.1/2	5
4	5	8	ステイゴールド	牡7	57	武豊	2:24.5	クビ	4
5	1	1	メイショウドトウ	牡5	57	安田康彦	2:24.6	3/4	3
6	4	7	ゴーラン	牡3	55	J.ムルタ	2:24.6	ハナ	8
7	6	11	インディジェナス	セ8	57	W.マーウィング	2:24.7	1/2	13
8	5	9	ホワイトハート	セ6	57	G.スティーヴンス	2:24.9	1.1/4	12
9	7	13	ウイズアンティシペイション	セ6	57	蛯名正義	2:25.4	3	7
10	2	2	アメリカンボス	牡6	57	江田照男	2:25.6	1	14
11	8	15	ダイワテキサス	牡8	57	柴田善臣	2:25.9	2	15
12	2	3	キャグニー	牡4	57	M.スミス	2:26.3	2.1/2	9
13	8	14	パオリニ	牡4	57	A.スボリッチ	2:26.3	ハナ	6
14	3	5	トゥザヴィクトリー	牝5	55	四位洋文	2:30.5	大	11
15	7	12	ティンボロア	牡5	57	J.ベイリー	2:30.9	2.1/2	10

2001年
ジャパンC
ダート

クロフネ

世界を震撼させた砂上の航行
四半世紀前の伝説に肩を並べた白い怪物

「アンタッチャブルレコード」

今後、一切塗り替えることが不可能であろうと言われている記録のことを俗にこう呼ぶ。広く知られているところで言えば、王貞治選手の通算868本塁打や吉田沙保里選手の世界大会個人戦206連勝などがそれに数えられるだろう。

競馬界にもこのような記録はいくつか存在し、日本においては武豊の通算勝利記録や武幸四郎の重賞制覇までの最短記録などがこれにあたると言える。

では、サラブレッドに目を向けた時はどうだろうか。近年、育成技術の確立や馬場の造園技術の向上等も相まって、平均的な走破時計は凄まじい勢いで短縮されているが、それでも「アンタッチャブルレコード」なるものは存在する。

代表的なものが1973年にアメリカのクラシック三冠の最終戦ベルモントSでセクレタリアトによって樹立されたダート2400mの世界レコード「2分24秒0」。樹立から半世紀が経とうとしている今もなお、24秒台はおろか25秒台を記録した馬さえおらず、26秒台ですら稀だ。2400mで施行されたベルモントSの直近10年の平均タイムが2分28秒台であることからもそれがどれだけ突出したレコードタイムかが窺い知れる。

タイムや実績からサラブレッドという枠組を超え「アスリート」としてアメリカのスポーツ界に名を刻むセクレタリアトだが、彼に肩を並べて報道された馬が20年前の日本にいた。

01年に外国産馬に門戸が開かれたクラシック制覇を目指し、かつてのペリー提督率いる軍艦になぞらえて名付けられた芦毛の牡馬、クロフネ。クロフネは陣営の期待に応えてNHKマイルCを制すると、目標であった日本ダービーに駒を進め2番人気に支持されて5着に健闘した。秋は天皇賞・秋を最大目標に定めて始動したが、外国産馬の出走枠の関係で同レースを除外になってしまう。陣営は「せっかく仕上げたのにもったいない」と妥協策で武蔵野Sへの出走を決定したという。初ダートとなったここで終始楽な手応えのまま2着に9馬身差、タイムにして1秒4も突き放す圧勝を見せ、隠していた才能を開花させると、次走には前年に創設されたGIジャパンCダートを選択して強豪との対決に挑んだ。

春の王者ノボトゥルーや前年の覇者ウイングアロー、さらに北米の一線級リドパレスを含む海外から5頭の招待馬を加え、粒揃いとなった第2回ジャパンCダートだったが、その中でもクロフネは1・7倍の抜けた1番人気に支持された。

伝説は、早くも2コーナーから始まった。

スタートをそろっと出て後方4番手の外目に位置すると、クロフネは圧倒的な能力値の差によってポジションを押し上げていく。3コーナーの手前、ひと際大きな歓声が起こった。手綱を取った武豊の手が軽く動くと、クロフネが瞬時にギアを上げて外目をスーッと上がっていく。必死に抵抗を試みる他馬たちがその迫力に威圧されるかのように為す術もなく飲み込まれていく様子は、まるで軍艦が引き波をともなって海原を裂いていくような情景にすら見えた。セオリーから考えれば「早仕掛け」と言わざるを得ない大胆なロングスパートだったが、4コーナーの手前で先頭を奪い取ったクロフネの脚色は直線を迎えても一向に衰えることはなく、むしろ加速した。

他馬とは能力の絶対値が違う。モノが違う。水しぶきの代わりに砂塵を巻き上げながら府中のダートを航行したその軍艦は、GIという舞台で7馬身もの大差をつけてレースを終えた。

「強すぎる！　強すぎる！」

レースを伝えた実況の飾らない言葉が、何よりもその場の空気を伝えた。

「言い訳はしない。勝った馬が強すぎた」

リドパレスに騎乗したジェリー・ベイリーに、そう言わしめるほどの強さ。

確かにクロフネは強すぎた。前年のレコードタイムを1秒以上も縮める2分5秒9という勝ち時計は今も日本レコードとして名を残す。そればかりか2100mで施行された同レースの後半1000mを59秒4で走ったクロフネが、仮に2400mを走り切るとして不足する残り300mを後半の平均ラップタイムで走破できると仮定すると、その想定タイムは2分23秒8にもなる。これはセクレタリアトのあのレコードをも凌駕する驚愕のタイムだ。クロフネの走りを目の当たりにしたアメリカの記者は現地紙にこう記したと言われている。

「日本には『クロフネ』という名の、白いセクレタリアトがいた」

黒船来航から実に148年という悠久の時を経て、日本にやってきたその芦毛の馬は、日本が届かずにいた世界への扉に手をかけた。確かに、手をかけたのだ。

21年1月、23歳でその生涯を閉じたクロフネの訃報に際して、現役時代の相棒・武豊は自身のブログにこう想いを寄せた。

「クロフネという名で外国の馬を負かしに行きたかった」

ジャパンCダートでのレースぶりは、翌年のドバイWCやブリーダーズCクラシックの有力候補に名前が挙げられるほど世界を震撼させた。しかし、それからわずか1カ月後に屈腱炎が発覚し現役引退を余儀なくされた。チャーチルダウンズやベルモントパークで世界の強豪たちを飲み込んでいくクロフネの姿を見てみたかったものである。

（秀間翔哉）

ダートGI・2勝馬につけた着差は7馬身。圧巻の走りを披露したクロフネ。

若くして現役を退いたクロフネは種牡馬としてもそのポテンシャルの高さを見せつけ、GI馬を含む多くの重賞勝ち馬を輩出した。GI勝利数こそやや芝に偏りは見せているものの、条件戦であれば芝・ダートを問わない産駒の傾向が評価されて毎年のように150頭を超える種付けをこなし、その数は歴代1位となる2995回を記録。産駒の勝利数でも歴代7位に入るほどの活躍を見せた。後継種牡馬という観点ではわずかにテイエムジンソクが活動を行なっているのみではあるが、産駒の活躍馬の多くが牝馬であることもあり、今後も母の父として血統に色濃く影響を残していくこととなるだろう。

クロフネ

性別 牡

毛色 芦毛

生誕 1998年3月31日

死没 2021年1月17日

父 フレンチデピュティ

母 ブルーアヴェニュー（母父・Classic Go Go）

調教師 松田国英（栗東）

生涯成績 6-1-2-1

獲得賞金 3億7023万円

勝ち鞍 ジャパンCダート　NHKマイルC　武蔵野S　毎日杯

第2回ジャパンカップダート（GI）
ダ左2100m　晴　良　2001年11月24日　11R

着順	枠番	馬番	馬名	性齢	斤量	騎手	タイム	着差	人気
1	5	9	クロフネ	牡3	55	武豊	2:05.9		1
2	4	8	ウイングアロー	牡6	57	横山典弘	2:07.0	7	3
3	1	1	ミラクルオペラ	牡4	57	幸英明	2:07.1	1/2	4
4	2	3	ノボトゥルー	牡5	57	O.ペリエ	2:07.2	3/4	5
5	2	4	プリエミネンス	牝4	55	蛯名正義	2:07.4	1	10
6	6	11	リージェントブラフ	牡5	57	吉田豊	2:07.6	1	8
7	1	2	ワールドクリーク	牡6	57	後藤浩輝	2:07.8	1.1/2	16
8	7	14	リドパレス	牡4	57	J.ベイリー	2:08.1	1.3/4	2
9	5	10	ジェネラスロッシ	牡6	57	G.スティーヴンス	2:08.2	3/4	7
10	8	16	ハギノハイグレイド	牡5	57	田中勝春	2:08.3	3/4	9
11	4	7	ディグフォーイット	牡6	57	M.スミス	2:08.4	クビ	12
12	3	5	ミツアキサイレンス	牡4	57	川原正一	2:08.9	3	14
13	3	6	オンワードセイント	牝5	55	勝浦正樹	2:09.6	4	15
14	8	15	レギュラーメンバー	牡4	57	松永幹夫	2:11.1	9	6
15	6	12	アエスクラップ	牡4	57	A.シュタルケ	2:12.1	6	13
16	7	13	キングオブタラ	牡3	55	T.テュリエ	2:13.7	10	11

2001年
香港ヴァーズ

ステイゴールド

ラストランでのGI制覇
競馬史に刻まれる超個性派

競馬の魅力はいくらでも挙げることができるが、簡単に言い切ってしまえば、1頭1頭の競走馬が繰り広げる物語のドラマ性に集約される、と考えて差支えないだろう。では、その物語のベースになるテーマは何か。血の宿命か、ひたむきさか、持てる者とそうでない者の逆転の構図か、不慮の事故からの復活か、悲願の達成なのか、奇跡そのものか…。

それこそ人それぞれだが、そのドラマの結末には「嘘だろう?」と思わせるような、作り話でも思いつかない…いや作り話だと、取りようによっては〝出来過ぎ〟に感じられるケースもあったりする。オグリキャップの有馬記念のラストランなどは、その代表例かもしれない。

しかし、現実として信じられないドラマは、しっかりと起きるのだ。ステイゴールドがラストランの香港ヴァーズで演じた〝悲願のGI初制覇〟も、オグリに負けないレベルの典型例と言えると思う。

ステイゴールドは父サンデーサイレンスの牡馬。母ゴールデンサッシュの2番仔で、サッカーボーイの甥、というくらいの血統背景しかない。しかも2～7歳(現表記)までの通算50戦で、最高馬体重が436キロという小ぶりな造り。特に大きな注目を集めたわけではなかった。デビューは2歳(現表記)の暮れの3着。初勝利は3歳5月になっての6戦目。当然春のクラシックに縁はない。夏場に3勝目を挙げ、京都新聞杯4着を経て、菊花賞には出走したものの8着。〝いいモノ〟を秘めていることはわかるにしても、大きな期待をかけていいのかどうか、は疑わしかった。

それが4歳を迎えて、特異な個性を発揮し始める。まず格上挑戦した万葉Sで2着。自己条件に戻って2着後、長距離を求めて再度格上挑戦したダイヤモンドSで2着。この時点で3勝馬ながらオープン入りし、続く日経賞こそ4着に終わるが、春の天皇賞で2着。目黒記念3着を挟んだ宝塚記念も2着して、遂にGI級の性能を広く認知させる。秋に入ると京都大賞典4着後、天皇賞・秋2着。ジャパンC10着後に有馬記念3着。

4歳時の戦績が特徴的なのは、GIIよりもGIの方がパフォーマンスが優れている、ということだ。小柄な牡馬が大一番で発揮する勝負根性、だけど相手なりにしか走れない善戦マン的な脆さ、の同居。秘めた性能が高ければ高いほど、もどかしさを感じさせる個性はファンの目に魅力的に映る。キャリアを積んで本格化しさえすれば…。ところが、5歳になってからも特に変化は見られない。いや、日経賞から宝塚記念までの上半期の5戦が3・5・3・

3・3着だから、善戦マンというより、善戦止まり。むしろ勝負弱さを感じさせる。秋初戦の京都大賞典で6着に敗れ、秋の天皇賞は12番人気の低評価。しかし、何とここで一世一代のパフォーマンスを見せる。レコードでGI・3勝目を挙げるスペシャルウィークと、ゴール前まで叩き合ってクビ差の2着。ファンにはたまったものではない。

そして今度こそ、今度こそ、と思わせつつの6歳。年明けから4連敗と相変わらず負け続けるが、春の終わりの目黒記念。ここで1番人気に応えて重賞初制覇を遂げる。デビューから実に38戦目。ここにきて〝晩成〟の個性が改めて強調されたが、逆にこの後、馬券の対象になることなく6歳時を終えることになる。小柄な馬体で気持ちで走り抜けてきた馬、重賞制覇で燃え尽きたのではないか？ そんな声すら聞こえてきたものだ。

そんなファンの思いを笑い飛ばすように、7歳初戦に日経新春杯を快勝すると、ドバイシーマCを連勝。いよいよ晩成の血が開花する時が来たかと思われたが、左にモタれるという悪癖が顕著になって、京都大賞典1着入線後の失格を含めて4連敗。翌年に種牡馬入りすることが決まっており、ラストランとして選ばれたのが香港ヴァーズだった。

この時、ステイゴールドの国際クラシフィケーション値は120。他の出走メンバーを圧していたため、1番人気の支持を受ける。ステイゴールドの性質を熟知している日本のファンは、期待半分というより不安の方が大きかったのではないか。ゆったりした流れをマイペースで追走しながら、勝負どころから離され気味になっても、中山競馬場のターフビジョン前に集まったファンに、特に大きな反応はなかったからだ。それが残り200mの地点から、エンジンに点火したかのように急激に加速。驚異的な追い上げを見せると一完歩毎に場内がヒートアップ。粘り込みを図るエクラールをアタマ差捉えてフィニッシュすると、大きな拍手が沸き上がった。この勝利は日本で生産され、日本で調教された馬の、海外での初めてのGI勝利となったが、確かに競馬場内でのパブリックビューで、こうまで盛り上がった例はそれまでなかったように思う。50戦目のラストランでの初GI制覇。大団円の象徴として、また〝晩成〟の極みとして、記憶されるレースになった。

しかし、ステイゴールドの〝晩成〟の個性は、実はそこで終わることはなかった。種牡馬として産駒が05年にデビューすると、初年度から4頭が重賞勝ちし、06年デビュー組からドリームジャーニー、08年デビューのナカヤマフェスタ、そして11年には牡馬クラシック三冠を達成するオルフェーヴルが登場。翌12年のゴールドシップも含めて、15年2月に急逝するまでGI馬を連続して輩出。まさに死の直前まで〝晩成〟型の性質は貫かれた。

GI勝利が一つだけ。そのためJRA顕彰馬として表彰されることはないのかもしれないが、個性派の評価としては、それも際物的でない正当（?）な意味で言うならば、ステイゴールドは間違いなくトップレベルの超個性派である。

（和田章郎）

通算50戦目のGI制覇。香港での馬名は「黄金旅程」。

種牡馬として大成功したステイゴールドは“とまり”（受胎率）が高かったと言われる。1300頭以上の産駒を送り出し、11頭がGIウイナーに。マイラーからステイヤーまで距離適性が広く、オジュウチョウサンのような個性派もいたが、小柄な馬も多くダートでの活躍率は低かった。このあたりはディープインパクトと似ている。また自身は最高体重436キロだったが、産駒もドリームジャーニー（最高体重442キロ）、オルフェーヴル（466キロ）、レインボーライン（454キロ）、クロコスミア（448キロ）、パフォーマプロミス（468キロ）、ナカヤマフェスタ（466キロ）、オーシャンブルー（446キロ）、アドマイヤリード（434キロ）と、特性を受け継いだ重賞ウイナーが少なくない。

ステイゴールド

性別	牡
毛色	黒鹿毛
生誕	1994年3月24日
死没	2015年2月5日
父	サンデーサイレンス
母	ゴールデンサッシュ（母父・ディクタス）
調教師	池江泰郎（栗東）
生涯成績	7-12-8-23
獲得賞金	7億6299万円
勝ち鞍	香港ヴァーズ　目黒記念　日経新春杯　ドバイシーマC

第8回香港ヴァーズ（GI）
芝右2400m　良　2001年12月16日　5R

着順	枠番	馬番	馬名	性齢	斤量	騎手	タイム	着差	人気
1		9	ステイゴールド	牡7	57.2	武豊	2.27.8	ー	1
2		3	EKRAAR	牡4	57.2	L.デットーリ	ー	アタマ	4
3		5	INDIGENOUS	騸8	57.2	D.ホワイト	ー	6.3/4	7
4		14	FOUNDATION SPIRIT	牡3	57.2	T.チュリエ	ー	1.1/4	9
5		4	HELENE VITALITY	騸5	57.2	B.マーカス	ー	短頭	9
6		2	DALIAPOUR	牡5	57.2	J.ムルタ	ー	2.1/4	2
7		11	WHITE HEART	騸6	57.2	G.スティーブンス	ー	短頭	5
8		13	TAPILDO	牝4	55.8	E.ウェルキンソン	ー	1.1/4	13
9		1	CAITANO	牡7	57.2	O.ペリエ	ー	3.3/4	8
10		12	ZINDABAD	牡5	57.2	K.ダーレー	ー	クビ	3
11		8	RAINBOW AND GOLD	騸4	57.2	G.モッセ	ー	3.3/4	6
12		10	SURVEY GENERAL	騸5	57.2	E.サンマルタン	ー	5.1/4	14
13		7	ORIENTAL EXPRESS	騸8	57.2	F.コーツィー	ー	4.1/4	12
14		6	LITIGADO	騸5	57.2	A.マーカス	ー	2.3/4	11

42年間に及ぶ名実況
詩人と呼ばれた杉本清

競馬に彩を与える「実況アナウンス」。特に走行時間の長い中・長距離戦では、実況アナウンサーの語り口調が、ワクワク感に拍車をかけてくれる。

その第一人者が杉本清。関西のレースを実況した名アナウンサーだ。1962年から2004年まで42年間、数多くのレース実況を担当、そのフレーズは「杉本節」「実況詩人」と呼ばれた。記憶に残る名セリフを取り上げてみよう。

「**それいけテンポイント、鞭などいらぬ！**」（76年菊花賞）

「**大地が弾んでミスターシービーだ！**」（83年菊花賞）

「**雪はやんだ！　フレッシュボイス1着！**」（86年毎日杯）

「**菊の季節に桜が満開！　サクラスターオーです！**」（87年菊花賞）

「**今年もあなたの、そして私の夢が走ります。あなたの夢はメジロマックイーンかライアンかストーンか。私の夢はバンブーです**」（91年宝塚記念）

「**あーという悲鳴に変わりましたゴール前！**」（92年菊花賞　ライスシャワー）

「**弟は大丈夫だ！　10年ぶりの三冠馬！**」（94年菊花賞　ナリタブライアン）

最後の実況は04年宝塚記念。

「**タップだタップだ！　やった佐藤哲三！　この宝塚記念にかけた陣営の執念！　これで胸を張って凱旋門賞へ！**」（タップダンスシチー）

第3章 古馬の頂点に君臨した外国産馬 2002年

2002

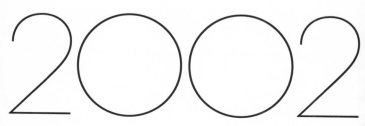

2002年
天皇賞・秋

シンボリクリスエス

3歳馬の天皇賞制覇は史上3頭目の快挙
現役最強馬への礎を築いた一戦

日本の競馬を象徴するレースで、国内の現役最強馬決定戦といえば、どのレースを思い浮かべるだろうか。私なら迷わず、天皇賞・秋だと即答する。

理由としては2つ。1つ目は、多くのGⅠで実施され、層が厚い根幹距離の1600m、2000m、2400mの中でも、ちょうど中間に位置する2000mで行なわれる点。そして2つ目は、3歳以上のサラブレッド全てが出走できる点にある。3歳馬が出走可能になったのは1987年（1937年の第1回を除く）以降だが、近年は、春のクラシックで好勝負を演じた馬たちの出走も珍しくない。実際、これまでも幾多のホープが強豪古馬に挑戦し、毎年のようにレベルの高いレースが行なわれてきた。これら2つの理由からも、枠順の有利不利が多少あるコースとはいえ、天皇賞・秋こそ、現役最強馬決定戦といえるのではないだろうか。

そして、今からおよそ20年前の2002年。歴史上、2回目となる中山競馬場で開催された天皇賞・秋の出走メンバーにも、1頭の有力3歳馬が名を連ねていた。

このとき、単勝オッズ4・9倍の1番人気に推されたのは、前年の二冠牝馬で紅一点のテイエムオーシャン。前走の札幌記念で牡馬相手に完勝し、そこから直行での出走だった。

2番人気は、6歳の古豪ナリタトップロード。3年前の菊花賞馬で、以後GⅠ勝ちこそないもののGⅡを4勝。前走は京都大賞典を快勝し、悲願の盾取りを目指しての出走だった。

3番人気は、この年のダービー2着馬で、外国産馬のシンボリクリスエス。春のクラシックで連対実績のある3歳馬の参戦は、95年2着のジェニュイン以来。前走の神戸新聞杯では、皐月賞馬ノーリーズンに完勝し、菊花賞ではなくあえて古馬と激突するこちらに参戦してきた。

以下、サンライズペガサス、エイシンプレストン、エアシャカールと人気は続き、これら6頭が単勝オッズ10倍を切る、本命馬不在の大混戦だった。

秋晴れの下ゲートが開くと、揃ったスタートから飛び出したのは、予想通りゴーステディだった。内からアラタマインディ、真ん中からは人気のテイエムオーシャン、外からトーホウシデンがそれを追う。その後に続いたのは、岡部幸雄騎手が手綱をがっちり押さえながら追走するシンボリクリスエス。そして、ナリタトップロードは中団やや後方に控えていた。

1000m通過は59秒3の平均ペース。とはいえ、レースは終始12秒前後のラップが刻まれ、スタート直後の1ハロン目を除いた最も遅いタイムが、7ハロン目の12秒2。さほど縦長な隊列にもなっていなかったため、どの馬にとっても、中山コースらしい持久力を問われるレースになっていた。

レースが動いたのは、残り600mの標識を過ぎてから。やや後続を引き離して逃げるゴーステディに、テイエムオーシャンが並びかけ、4コーナーを回ったところでブレイクタイムと共に先頭へ。ここにきても、依然として持ったままのシンボリクリスエスが直後につき、ナリタトップロードは馬群を縫うようにポジションを上げたところで、レースは最後の直線勝負を迎えた。

直線に入ると、ブレイクタイムの外からサンライズペガサスが前に出て、テイエムオーシャンは早くも一杯に。さらに、大外からナリタトップロードが差し脚を伸ばすも、間を割ってあっという間に抜け出してきたのはシンボリクリスエスだった。

坂の途中で先頭に立つと、残り100mでサンライズペガサスに並びかけられそうになるも突き放し、ナリタトップロードの追い上げも完封。3/4馬身と僅差だったものの、岡部騎手がほぼ鞭を使わないほどの完勝。3番人気馬とは思えない横綱相撲で、堂々と初のGIタイトル、天皇盾を手中に収めたのだ。

3歳馬による天皇賞制覇は、1937年第1回のハッピーマイト、そして96年のバブルガムフェロー以来3頭目。そのバブルガムフェローを管理していたのは、シンボリクリスエスと同じく藤澤和雄調教師である。藤澤師といえば、助手時代、史上初の七冠馬となったシンボリルドルフのデビュー前に調教をつけていたことでも有名。ルドルフの主戦だった岡部騎手とは、調教師になってから数々のGIを制しているが、オーナーのシンボリ牧場とともに、これが三者で摑み取った久々のビッグタイトルにもなった。

また、藤澤師といえば、2000mで行なわれる天皇賞・秋を最も重要視するホースマンの一人。若き日に、自ら希望して渡ったヨーロッパの地では、この距離帯で活躍する馬が大事にされ、種馬となったときに最も価値があるのも、2000mで活躍した馬。この、現役最強馬を決めるレースでの勝利は、まさに師の面目躍如といったところだった。

そして、シンボリクリスエス自身も、これをきっかけに一気に一流馬への階段を駆け上がった。次走のジャパンCこそ3着に惜敗したものの、有馬記念を勝利して年度代表馬を獲得。翌03年は、東京競馬場で行なわれた天皇賞・秋を連覇し、年末には引退レースとなった有馬記念も9馬身差の圧勝で連覇達成。見事、2年連続で年度代表馬に選出され、超一流馬の仲間入りを果たした。その快挙は〝先輩〟のシンボリルドルフ以来18年ぶりの偉業でもあった。

（齋藤翔人）

3歳秋は菊花賞に向かわず天皇賞・秋へ。ナリタトップロードら古馬たちを破る。

漆黒の馬体に530キロを超える巨軀。勝ちきれなかった3歳春までとは一転、特に、4歳以降のシンボリクリスエスは、成績のみならず、見た目や雰囲気でも周囲を圧倒するオーラを醸し出していた。2021年8月現在、シンボリクリスエス以来3歳の天皇賞馬は現われておらず、ジャパンCの倍返しとばかりに、有馬記念で2着につけた9馬身差も、これ以上の着差で制した馬は現われていない。また、世に送り出したGI馬は5頭。中でもエピファネイアは、父が勝てなかったジャパンCを圧勝し、種牡馬としても2世代連続でクラシック勝ち馬を輩出。シンボリクリスエス自身は、母の父としてダービー馬レイデオロを輩出しており、現役時の見た目同様、その存在感は今なお大きい。

シンボリクリスエス

性別　牡

毛色　黒鹿毛

生誕　1999年1月21日

死没　2020年12月8日

父　Kris S.

母　Tee Kay（母父・Gold Meridian）

調教師　藤澤和雄（美浦）

生涯成績　8-2-4-1

獲得賞金　9億8472万円

勝ち鞍　天皇賞・秋（2勝）　有馬記念（2勝）　神戸新聞杯　青葉賞

第126回天皇賞・秋　（GI）
芝右2000m　晴　良　2002年10月27日　11R

着順	枠番	馬番	馬名	性齢	斤量	騎手	タイム	着差	人気
1	4	8	シンボリクリスエス	牡3	56	岡部幸雄	1:58.5		3
2	1	1	ナリタトップロード	牡6	58	四位洋文	1:58.6	3/4	2
3	8	17	サンライズペガサス	牡4	58	柴田善臣	1:58.6	クビ	4
4	7	14	エアシャカール	牡5	58	武豊	1:58.8	1.1/4	6
5	7	13	トーホウシデン	牡5	58	O.ペリエ	1:58.9	クビ	11
6	6	11	イブキガバメント	牡6	58	横山典弘	1:59.1	1.1/2	10
7	3	5	テンザンセイザ	牡4	58	田中勝春	1:59.1	ハナ	17
8	3	6	エイシンプレストン	牡5	58	福永祐一	1:59.2	1/2	5
9	5	9	ブレイクタイム	牡5	58	松永幹夫	1:59.2	クビ	9
10	7	15	アグネススペシャル	牡5	58	蛯名正義	1:59.3	クビ	12
11	4	7	ツルマルボーイ	牡4	58	河内洋	1:59.3	ハナ	7
12	8	18	ロサード	牡6	58	後藤浩輝	1:59.3	クビ	15
13	5	10	テイエムオーシャン	牝4	56	本田優	1:59.5	1.1/4	1
14	8	16	ダンツフレーム	牡4	58	藤田伸二	1:59.6	3/4	8
15	1	2	アグネスフライト	牡5	58	勝浦正樹	1:59.8	1.1/4	16
16	2	3	トラストファイヤー	牡4	58	江田照男	1:59.9	3/4	13
17	2	4	アラタマインディ	牡5	58	飯田祐史	2:00.0	3/4	18
18	6	12	ゴーステディ	牡5	58	吉田豊	2:00.3	1.3/4	14

第126回天皇賞・秋（GⅠ）

芝2000m
2002年10月27日（日）
中山11R

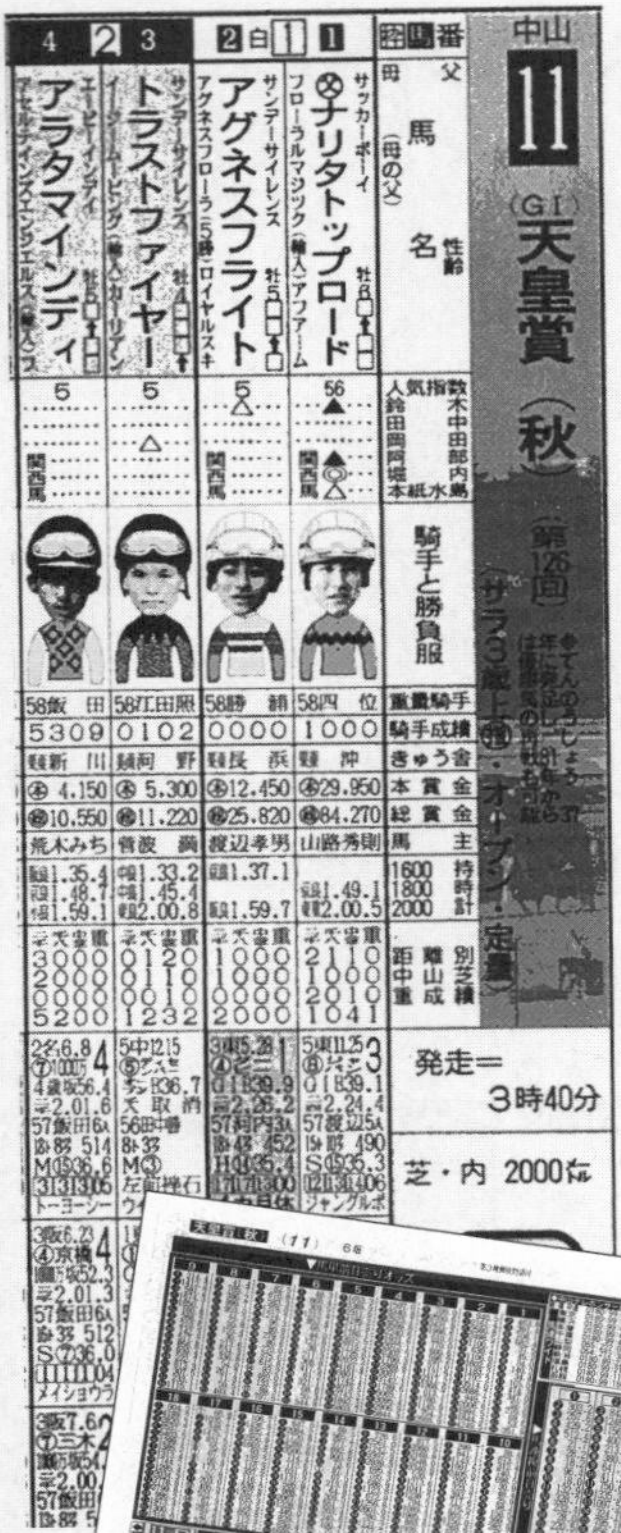

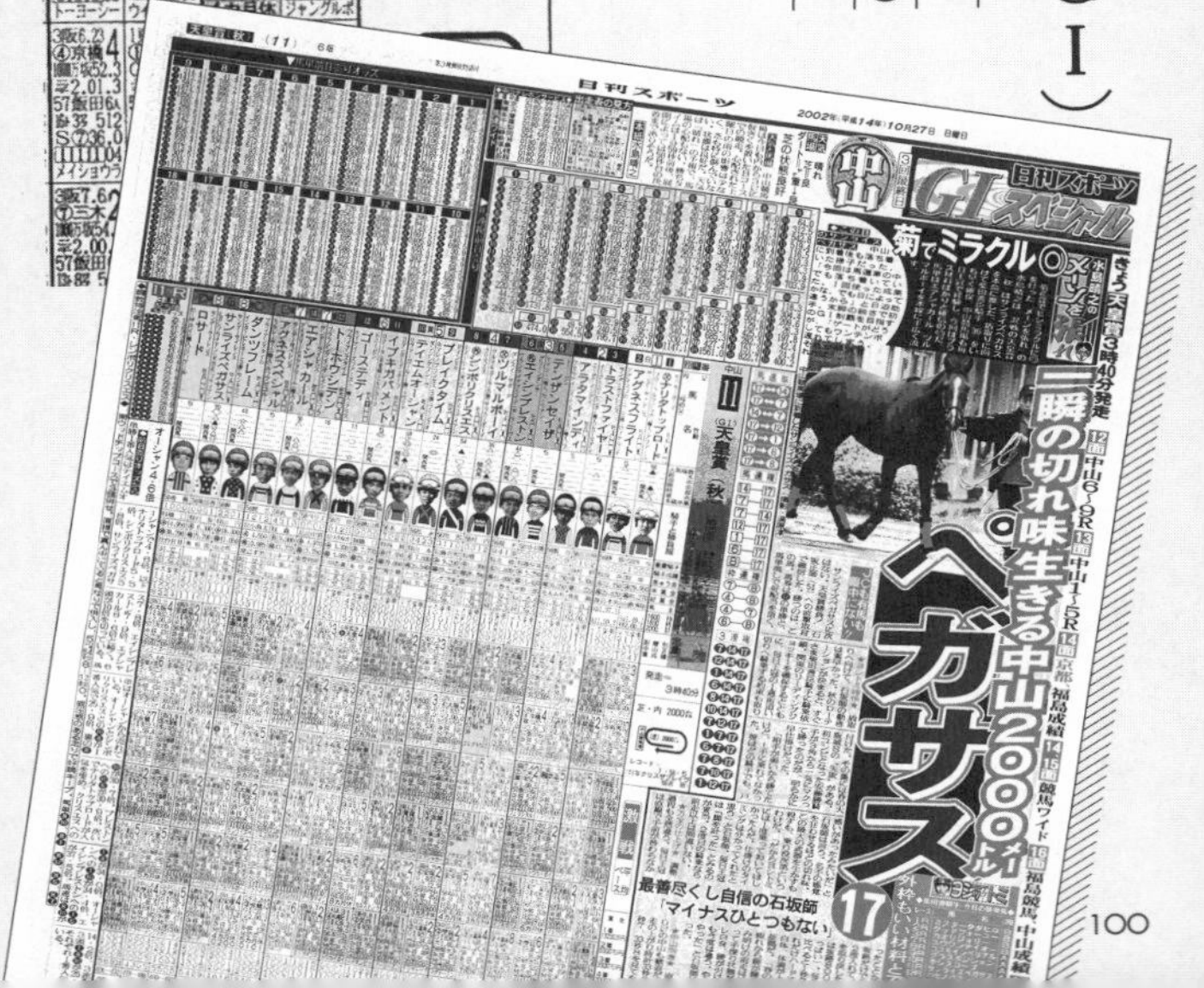

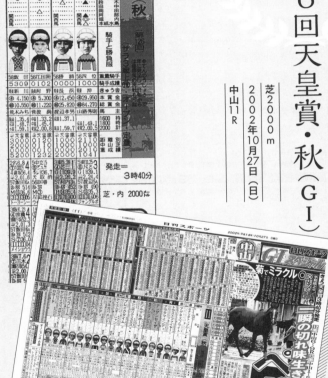

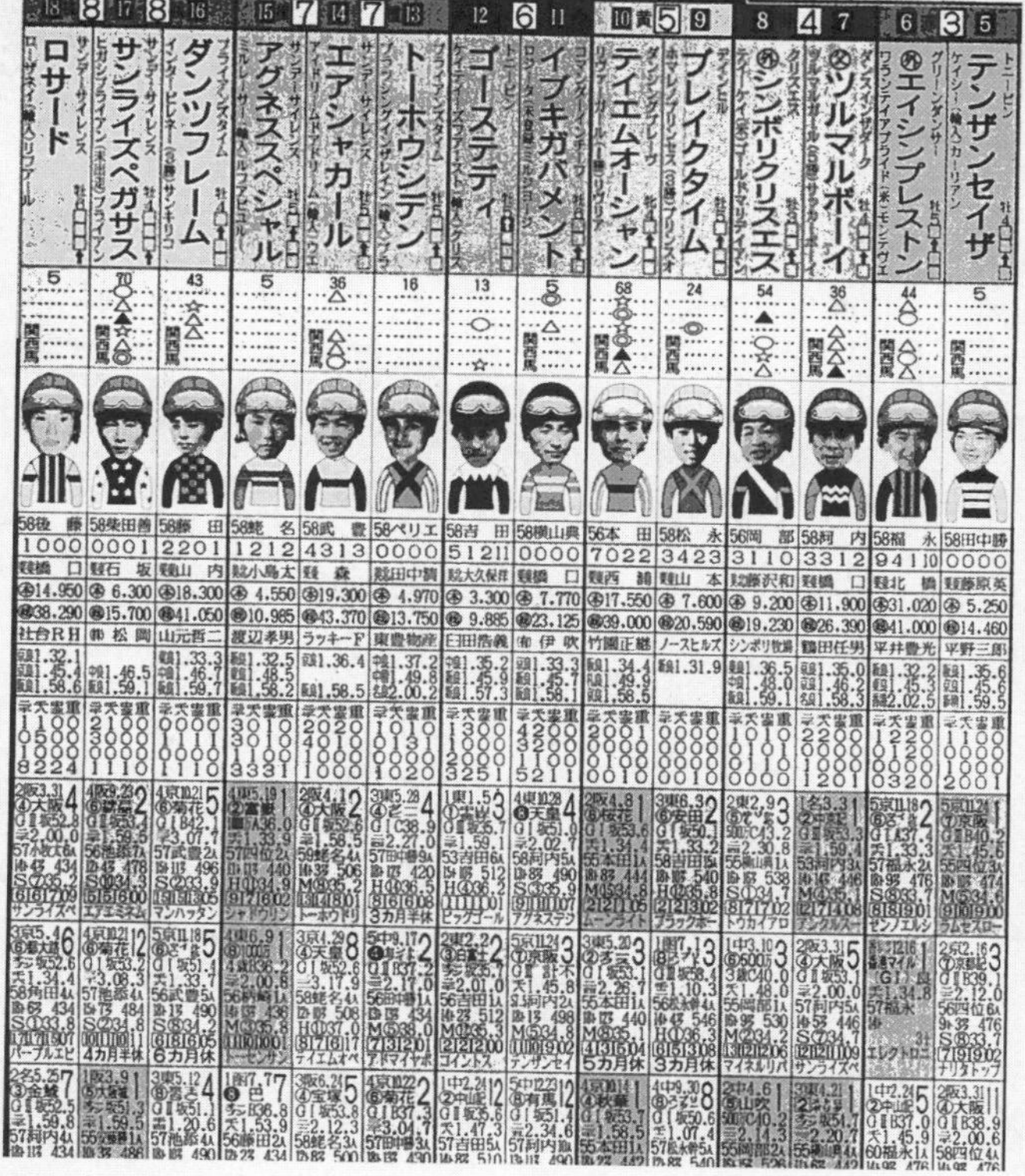

18	17	16	15	14	13	12	11	10	9	8	7	6	5
ロサード	サンライズペガサス	ダンツフレーム	アグネススペシャル	エアシャカール	トーホウシデン	ゴーステディ	イブキガバメント	テイエムオーシャン	ブレイクタイム	シンボリクリスエス	ツルマルボーイ	エイシンプレストン	テンザンセイザ
5	70	43	5	36	16	13	5	68	24	54	36	44	5
58後藤	58柴田善	58藤田	58蛯名	58武豊	58ペリエ	58吉田	58横山典	56本田	58松永	56岡部	58河内	58福永	58田中勝

日刊スポーツ新聞社

中山の天皇賞・秋、制したのは才能豊かな3歳馬

中山 2000m 戦で行われたレアな天皇賞・秋。そのため紙面でもそれに着目した予想が展開された。しかし勝ち馬シンボリクリスエスは翌年に、舞台が東京に戻った天皇賞・秋も勝利。適性などを卓越した強さを見せつけた。また、紙面で「JC も有馬も眼中にない！」と書かれているサンライズペガサスはレース後に屈腱炎を発症、復帰に 1 年を要した。明暗を分ける一戦となった。

2002年
日本ダービー

タニノギムレット

皐月賞→NHKマイルC→日本ダービー
規格外ローテーションでの優勝

日本の近代競馬の調教法に関して、大袈裟に言っても革命的だったのは坂路を使っての調教だろう。現在では当たり前な設備だが、1993年頃から東西トレセンの力関係が逆転したのには、栗東で坂路調教がスタンダードになったことが大きく影響している。

坂路を1本上がって、息を整えながら坂下へ降りて行き2本目、3本目と繰り返す。「インターバル調整」を坂路を使うことでより効率的に、しかも無理なく行なうことが可能になった。

それを徹底した方法で結果につなげたのが92年の二冠馬ミホノブルボンを管理した故・戸山為夫調教師だった。師が提唱したのは「鍛え抜く調教法」で、要するにハード調教に他ならない。血統に頼るのではなく、調教で十二分に負荷をかけ、心肺機能を高めることでオールラウンドな距離対応を可能にする。という考え方だ。ハードトレーニングの重要性を説いたのは戸山師一人ではなかったが、それでも師が特異だったのは、ハードトレを実践するために、徹底して坂路を使ったことだった。

その点で、管理馬のほとんどに、ほぼ坂路だけの調教を課していた松田国英調教師は、戸山流を踏襲した代表的な存在と言えるかもしれない。そしてまた、その異色ぶりは管理馬の起用法、つまり出走レースの選択方法にも表れた。サラブレッドにとって「太く短く」のキャリアは決してマイナスではない、というもの。種牡馬になった時、様々なカテゴリーを克服できていれば有利になるはず、という信念からだった。もしもサラブレッドの体調にピークがあるとすれば、確かに一理ある考え方にも思える。

しかし一方で、サラブレッドが繊細な生き物であるがゆえ、故障との戦いがつきまとうことにもなった。01年、松田国師は外国産馬クロフネをNHKマイルC優勝後、中2週でダービーに挑戦させて5着。秋に神戸新聞杯3着後、ダート替わりで武蔵野S、ジャパンCダートを連続レコード勝ちした後に、屈腱炎を発症して引退。ハードトレーニングに加えて、厳しいローテーションによる使い方も批判の対象になった。

ところが松田師はまったく怯まない。それどころか翌02年のタニノギムレットでは皐月賞(3着)から中2週でNHKマイルC(3着)、更にそこから中2週で日本ダービーへ、という規格外のローテーションを組んだのだった。

タニノギムレットの父ブライアンズタイムはクラシック三冠馬ナリタブライアンを筆頭にマヤノトップガン、サニーブライアン、シルクジャスティス、ダンツフレームらGI馬を多数輩出。一世を風靡した名種牡馬で、勝負根性と瞬発力に優れた産駒が目立つが、ギムレット自身もデビュー前の古馬との併せ馬で先着するなど、早くから非凡なところを覗かせた逸材だった。1番人気のデビュー戦こそダート１０００ｍで2着に敗れるが、休み明けの2戦目に芝に替わって順当勝ちすると、年明けのシンザン記念、アーリントンＣ、スプリングＳと重賞3連勝。圧倒的1番人気で迎えた皐月賞は4角で大きく外を回るロスが応えて3着に敗れると、中2週のＮＨＫマイルＣは直線で前が塞がり、完全に行き場を無くして3着に終わってしまう。

ここでも陣営は迷うことなく中2週となる日本ダービーを次走に選択する。２０００ｍの皐月賞で連勝がストップし、続く中2週のＮＨＫマイルＣで連敗。またも中2週で、距離が２４００ｍに伸びてどうなのか、追い込み脚質による展開の有利不利も避けられないだけに、不安もあったはずだが、「カイ食いが旺盛で凄い身体になっている。デキは申し分ない」と松田国師はコメントし、ファンもそれを信じて1番人気に支持する。

スタートしてすぐ先行馬群の後ろにポジションを取ると、道中はジッと我慢して追走。前2走の轍を踏まぬよう無闇に外を回さず、直線も慌てずに進路を探る。坂下でゴーサインが出ると、一気に躍り出て前を行くシンボリクリスエスを捉え切った。上がり34秒7はレース最速で、シンボリには1馬身差。そこから5着までがアタマ、アタマ、クビ差だから、ギムレットの勝ちっぷりだけが際立っていた。クロフネの苦い経験を、見事にギムレットのダービー制覇につなげたわけだ。

しかし、結果を出した満足感も束の間、秋になると左前浅屈腱炎を発症。急きょ引退することが発表された。ここでも批判の対象となるが、翌々年の04年、キングカメハメハの時には中2週を続けることをせず、NHKマイルC、日本ダービーの両GIを制覇。ともにレコードでの快勝で、そこまでのすべての経験を結実させた格好になった。

これを信念と呼ぶのか、執念と呼ぶべきか。このキングカメハメハも秋に右前浅屈腱炎のため引退。08年のディープスカイ（昆貢厩舎）の後、両レースを制する馬は現われていない。いや、このローテーションを採用する陣営も少なくなってしまった。

しかし、サラブレッドが競走馬として輝くために、体調のピークを見極め、少しばかりローテーションが厳しくとも、その時期に集中的に使うことが、本当に、全面的に〝悪〟なのだろうか？

松田国師は21年2月に定年引退。そうでなくとも近年、坂路調教中心でレースに使う厩舎は少なくなったし、短期間に何戦も消化するような馬も滅多に見られなくなった。多様性とは名ばかりで、人も馬も、〝異端児〟や〝個性派〟が排除される時代になってしまったということだろうか…。いささかながら寂しく感じられてならない。

（和田章郎）

皐月賞とＮＨＫマイルＣの悔しさを一掃。5年後には娘がダービー馬に！

母タニノクリスタルはアネモネＳを勝ち、桜花賞を７着。６歳まで通算40戦を走るなど丈夫な馬だったことも規格外ローテの一因だっただろう。その頑丈な血はGI・７勝を挙げたウオッカに受け継がれ、史上唯一の父娘ダービー制覇を遂げている。タニノギムレットは13頭の重賞ウイナーを輩出。スマイルジャック（スプリングＳなど３勝）やブラックスピネル（東京新聞杯）のように息の長い活躍をする産駒が多かったが、GI馬はウオッカのみ。初年度産駒は５頭が重賞ウイナーとなったこともあり、ピーク時の種付け頭数は240頭にも及んだ。2020年に種牡馬を引退、現在は功労馬として余生を送っている。

タニノギムレット

性別 牡

毛色 鹿毛

生誕 1999年5月4日〜

父 ブライアンズタイム

母 タニノクリスタル（母父・クリスタルパレス）

調教師 松田国英（栗東）

生涯成績 5-1-2-0

獲得賞金 3億8601万円

勝ち鞍 日本ダービー　スプリングS　アーリントンC
シンザン記念

第69回東京優駿（GI）
芝左2400m　曇　良　2002年5月26日　10R

着順	枠番	馬番	馬名	性齢	斤量	騎手	タイム	着差	人気
1	2	3	タニノギムレット	牡3	57	武豊	2:26.2		1
2	6	11	シンボリクリスエス	牡3	57	岡部幸雄	2:26.4	1	3
3	4	8	マチカネアカツキ	牡3	57	K.デザーモ	2:26.4	アタマ	6
4	5	10	メガスターダム	牡3	57	松永幹夫	2:26.4	アタマ	9
5	8	18	ゴールドアリュール	牡3	57	上村洋行	2:26.5	クビ	13
6	3	5	アドマイヤドン	牡3	57	藤田伸二	2:26.7	1.1/4	8
7	7	15	バランスオブゲーム	牡3	57	田中勝春	2:26.9	1.1/2	10
8	1	2	ノーリーズン	牡3	57	蛯名正義	2:26.9	ハナ	2
9	1	1	ヤマノブリザード	牡3	57	柴田善臣	2:27.0	クビ	16
10	8	17	タイガーカフェ	牡3	57	四位洋文	2:27.2	1.1/4	5
11	3	6	テレグノシス	牡3	57	勝浦正樹	2:27.2	クビ	4
12	8	16	バンブーユベントス	牡3	57	村田一誠	2:27.5	2	12
13	2	4	ダイタクフラッグ	牡3	57	江田照男	2:27.7	1.1/2	14
14	4	7	モノポライザー	牡3	57	後藤浩輝	2:27.8	1/2	7
15	5	9	ファストタテヤマ	牡3	57	安田康彦	2:27.8	クビ	15
16	6	12	チアズシュタルク	牡3	57	石崎隆之	2:28.2	2.1/2	17
17	7	14	サスガ	牡3	57	安藤勝己	2:28.6	2.1/2	11
18	7	13	サンヴァレー	牡3	57	田中剛	2:29.7	7	18

2002年
安田記念

アドマイヤコジーン

まだまだ終わっちゃいない
共鳴する人馬の魂

人間が作り出したサラブレッドは走ること、競うことを宿命づけられている。それは裏を返せば、人間のなかに競うという本能があることを意味する。人は自然と誰かと競争する。社会的な競争を長年にわたり続けたことにより、優れた文明社会を生み出した。本能的な競争心はときに承認欲求という形で発露する。みんな自分が大事であり、一番なのだ。だからこそ自分の命は自分のために使う。人にはそれぞれ命の使い道があり、なかには誰かのために己の命を使う人間もいる。自らのエネルギーを誰かに伝える人がいる。後藤浩輝という騎手はそんな男だった。

後藤がその生涯でつかんだいくつかの栄光のうち、アドマイヤコジーンと勝ちとった2002年安田記念は、まさに彼のエネルギーが馬に伝わり、復活に導いたレースだった。

アドマイヤコジーンはデビュー4戦目で朝日杯3歳Sを勝利、最優秀3歳牡馬に選出されたものの、その後、両トモを骨折、1年7カ月という長期休養を余儀なくされた。後藤との初コンビは復帰後3戦目の札幌記念（11着）。続く富士S（8着）で一旦コンビは解消され、再タッグを結成したのは1年3カ月後、アドマイヤコジーンが6歳で迎えた冬の東京新聞杯だった。復帰後は2、3着が1回ずつ、重賞タイトルから遠ざかっていたアドマイヤコジーンに周囲は終わったという評価を下していた。3度目の騎乗になった後藤は、思い切って番手*から積極的な競馬を試す。逃げるニッポーアトラスの早めのスパートに乗じ、後藤は積極的に仕掛け、後続を完封。約3年ぶりの勝利を贈った。これをきっかけに行きっぷりを取り戻したアドマイヤコジーンは次走の阪急杯も勝利、高松宮記念では逃げるショウナンカンプをとらえきれなかったものの、2着。6歳にしてアドマイヤコジーンは復活した。

そして迎えた安田記念は香港を含めGI・3勝のエイシンプレストン、4歳の実力馬ダンツフレーム、前年のマイルCSを勝ったゼンノエルシドなど豪華メンバーが集結。アドマイヤコジーンと後藤は7番人気だった。

大外枠からスタートを決めたアドマイヤコジーンは、すっかり取り戻した活力あふれる走りで外から好位につける。前哨戦の京王杯SCを逃げ切ったゴッドオブチャンスが大方の予想通り、逃げを打つ。内からマグナーテン、香港のジューンキングプローンが迫る。アドマイヤコジーンはこの3頭を見る形で進む。2、3番手の馬のプレッシャーを受けるゴッドオブチャンスはペースを落とせない。終始11秒台を刻み、前半800m通過45秒9、1000

＊番手　逃げ馬のすぐ後ろ＝2番手に位置すること

m通過57秒6とハイペース。マイル王決定戦らしく厳しい流れから底力勝負へと突き進む。年下の馬たちに見劣らない活力、うなるような手応えでアドマイヤコジーンは大外を駆ける。後藤は馬の活力をひしと感じる。東京の直線、ゴールは果てしなく遠い。後ろはエイシンプレストンやダンツフレームなど強力布陣。それらを警戒し、待ちたくなるところだったが、後藤はアドマイヤコジーンを信じ、直線入り口で迷わず仕掛ける。

——大丈夫だ、必ずしのげる。

後藤の心がアドマイヤコジーンに語りかける。そして必死のアクションで自分のエネルギーを馬に伝えていく。6歳でかつての力を取り戻したアドマイヤコジーンのため、懸命に脚元をケアする陣営のため、後藤はゴールに向かって命がけで馬を追う。一歩ずつ一歩ずつアドマイヤコジーンは東京競馬場の直線でじわりじわりと先行勢との差を詰めていく。そしてゴールまであと200mを示すハロン棒を通過したあたりでついに先頭に立つ。外からダンツフレームが襲いかかる。それを察知した後藤はさらにがむしゃらに追いたてる。アドマイヤコジーンにへばりつき、まるで同化するかのような独特なフォームだ。

——あと少しだ、あきらめるな。がんばれ。

後藤の祈りがアドマイヤコジーンに届いたのか、ダンツフレームが来ると、馬体をわずかに沈め、最後に再びファイティングポーズをとる。騎手と馬がひとつになった瞬間、はるか遠くにあったゴール板が目の前にあらわれる。後藤は不器用なガッツポーズを作り、馬上で叫んだ。これ以上ない結果を残した達成感が、初夏の青空を突き抜ける。

後藤はデビュー以来54回目のJRA・GI挑戦でようやくタイトルをつかんだ。アメリカ修業で身につけた短いあぶみで馬にくっつくような騎乗フォームは、エネルギーをダイレクトに伝える後藤のシンボルであり、誰かのために命を使う美しさそのものだった。もっと自分のために命を使ってもいいのに。後藤がいない今、そう感じずにはいられない。*この世を去るのがあまりに早すぎた。

後藤と再会し、6歳で息を吹き返したアドマイヤコジーンはこの年、最優秀短距離馬に選ばれ、ターフを去った。最優秀3歳牡馬が6歳でJRA賞を受賞するのは珍しい。やがて種牡馬としてアストンマーチャンら多くのスプリンターを輩出、なかでもアドマイヤコジーンと同じ芦毛のスノードラゴンは11歳まで重賞戦線で活躍、ベテランになっても衰えない活力を父から受け継ぐ。後藤がアドマイヤコジーンに伝えたエネルギーは、たとえ命を散らそうとも、今も日高で生きている。

（勝木淳）

＊後藤浩輝の死　2015年2月27日、自宅にて首を吊った状態で発見された。享年40歳

念願のGI制覇にガッツポーズ。この後、オーナーの近藤利一氏と抱き合って涙した後藤浩輝。

なんといっても好調を示す銭形が浮かぶ芦毛がトレードマーク。これはグレイソヴリンからフォルティノ、カロ、コジーンへと受け継がれた快速血統の証である。若い頃、マイル戦で圧倒的に強かった馬が、ケガを乗り越え、6歳にしてスプリントからマイルでGI戦線を走り、なおかつ安田記念を勝利。単なる快速馬ではなく、晩年でも衰えない豊富なスピードは、晩成型が多いトニービンの祖であるグレイソヴリンと母の父ノーザンテーストの影響だろう。一度は沈み、早熟の烙印を押されながらも再浮上するという独特の成長曲線は、自身の産駒にも多く引き継がれた。

アドマイヤコジーン

性別 牡

毛色 芦毛

生誕 1996年4月8日

死没 2017年6月6日

父 Cozzene

母 アドマイヤマカディ（母父・ノーザンテースト）

調教師 橋田満（栗東）

生涯成績 6-3-2-12

獲得賞金 3億8126万4000円

勝ち鞍 朝日杯3歳S　安田記念　東京スポーツ杯3歳S
東京新聞杯　阪急杯

第52回安田記念（GI）
芝左1600m 晴　良　2002年6月2日　11R

着順	枠番	馬番	馬名	性齢	斤量	騎手	タイム	着差	人気
1	8	18	アドマイヤコジーン	牡6	58	後藤浩輝	1:33.3		7
2	8	17	ダンツフレーム	牡4	58	池添謙一	1:33.3	クビ	2
3	1	2	ミレニアムバイオ	牡4	58	柴田善臣	1:33.5	1.1/2	4
4	6	11	グラスワールド	牡6	58	藤田伸二	1:33.5	ハナ	5
5	7	13	エイシンプレストン	牡5	58	福永祐一	1:33.6	クビ	1
6	3	6	イーグルカフェ	牡5	58	田中勝春	1:33.7	クビ	14
7	8	16	トレジャー	牡4	58	北村宏司	1:33.7	ハナ	15
8	2	3	マグナーテン	セ6	58	岡部幸雄	1:33.8	1/2	10
9	5	10	ディヴァインライト	牡7	58	菅原勲	1:33.9	3/4	9
10	3	5	ジューンキングプローン	牡5	58	S.イム	1:34.1	1.1/4	11
11	7	14	リキアイタイカン	牡4	58	武幸四郎	1:34.1	クビ	17
12	1	1	レッドペッパー	セ5	58	G.モッセ	1:34.2	1/2	13
13	2	4	アメリカンボス	牡7	58	江田照男	1:34.3	クビ	16
14	4	7	トロットスター	牡6	58	蛯名正義	1:34.3	アタマ	6
15	5	9	ゴッドオブチャンス	牡4	58	四位洋文	1:34.3	ハナ	12
16	4	8	ミヤギロドリゴ	牡8	58	大西直宏	1:34.4	クビ	18
17	7	15	ダイタクリーヴァ	牡5	58	松永幹夫	1:35.1	4	8
18	6	12	ゼンノエルシド	牡5	58	横山典弘	01:35.1	ハナ	3

2002年
エリザベス
女王杯

ファインモーション

上がりの速い先行馬がみせた異次元のレース&無限の可能性

無敗馬にはロマンがある。どんな馬が相手になっても決して怯むことなく勝ち続けるのだから、どこまで強いんだろうとついつい思い描いてしまう。末は凱旋門賞、はたまたドバイWCか…そんな無限の可能性をゴール後に見たのが、2002年のエリザベス女王杯である。

当時、古馬の牝馬に開放されていた唯一のGIレース。それだけにここを目標とする陣営は多く、毎年のようにフルゲート近くまで出走馬がエントリーしてきたが、この年のエリザベス女王杯は古馬に開放された96年以来、最少となる13頭にとどまった。オークス馬レディパステル、シルクプリマドンナに前年の2着馬ローズバド、そしてこの年、牝馬限定重賞を2勝したダイヤモンドビコーらがいたが、この年の主役は彼女たちではなく、秋華賞を制して5戦無敗のまま挑んできたファインモーションだった。

西の名伯楽として知られる伊藤雄二調教師がデビュー前から惚れ込むと、デビュー戦で鞍上を務めた武豊は「海外で走らせてみたい」と語るほどの逸材。もともと外国産馬のためにクラシック出走権はなく、馬体を充実させる目的で放牧に出された後、夏の北海道で2戦して楽勝。ともに先行して流れに乗って、直線ではあっという間に突き放すという強烈なパフォーマンスで、その走りは年上だろうと牡馬だろうと「条件馬では相手にならない」と言わんばかりのふてぶてしささえ漂っていた。

その後の彼女は重賞初挑戦となったローズSを楽勝して、あっという間にこの世代最強の牝馬の座に就くと、続く秋華賞では好位から抜け出し、直線では独走状態。鞭ひとつ入れないまま2着馬に3馬身半もの差をつけ、涼しい顔をしたままGI初制覇。あれだけ余裕たっぷりに走っておきながらタイムもレースレコードタイという速さ。まさに次元が違うとはこのことで、当時の牝馬としては珍しい480キロ超えの馬体もまた、彼女の異次元さに拍車をかけた。

そんなファインモーションが、今度は古馬牝馬と混じって走る。同世代には敵はおらず、まだ見ぬライバルを求めて参戦してきたという印象だが、彼女の前では先輩牝馬たちですらスケール不足に見えるほど。一度も本気で走っていないまま5連勝を飾った彼女にファンも無限の可能性を見出したのか、単勝オッズは1・2倍とダントツの支持を集めていた。

初めての古馬相手に加え、古馬に開放されて以降、3歳馬がエリザベス女王杯を勝ったことがない（当時）というマイナスデータがないわけではなかったが、そんなことは関係ないとばかりにファインモーションはスタートからスッと前に付けて流れに乗っていく。同世代のユウキャラットが押して先頭に立っていく中、ファインモーションは馬なりで取り付いていく――エンジンの違いをまざまざと見せるかのような走りでハナに立ちそうな勢いではあったが、すぐさま鞍上の武豊は手綱を引いて3番手に控える形に。そのすぐ後ろに古馬牝馬の代表格であるダイヤモンドビコーがガッチリとマークして、それを見るように各馬も中団に付けた。

ファインモーションを負かすとしたら、トップスピードに入る前に並んで先に抜け出すしかないと考える陣営が多かったからこそ、こうした位置取りになったと思われる。

だが、そうしたマークは彼女にとって全く無意味なものでしかなかった。

というのもファインモーションはここまでの5戦、4角を3番手以内で回りつつ、上がり3ハロンのタイムをすべてメンバー2位以内の速さでまとめている。前に付けていながら速い上がりで走れるという常識外れなレースを涼しい顔でしてきたからこそ、ファインモーションは異次元の存在になったのだろう。

そして3コーナーを回るころ、ファインモーションは動き始めた。武豊の手綱を見るとまだ追うどころかほとんど動いていない状態。4コーナーから直線に入るころには逃げていたユウキャラットをあっさりと捉まえ、すでに先頭に立っていた。

勝負において、追われるよりも追う方が有利なのは鉄則。ましてや1頭で抜け出したファインモーションは後ろからレースを進めていた古馬牝馬たちにとっては格好のターゲット。彼女をめがけて皆が一斉に追い出した。

だが、ファインモーションを目指して追い出した12頭は追いつくどころか、逆に彼女から突き放されるばかり。ノーステッキだった秋華賞とは異なり、後続が迫ったところで鞭が入るとさらに一伸び。あとから迫ったダイヤモンドビコーもレディパステルも後輩牝馬の影すら踏むことができずじまい。

そのまま押し切りエリザベス女王杯を無傷の6連勝で難なく制覇。3歳馬として初めて古馬に開放されたエリザベス女王杯を勝っただけでなく、無敗での古馬GI制覇も史上初という快挙まであっさりと成し遂げてしまった。

だが、レース後のファインモーションの表情や陣営の様子を見ると、まるで条件戦を勝ったときのように淡々としたもの。とても記録尽くしのGIを圧勝したとは到底思えなかったが、もしかすると彼らにとってこの勝利はまだまだ通過点でしかなく、本当の目標はもっと先だったのかもしれない。

ファインモーションが楽勝したこの年のエリザベス女王杯は陣営だけでなく、多くの競馬ファンに無限の可能性を感じさせたレースだったといえるだろう。

（福嶌弘）

秋華賞に続きエリザベス女王杯も制覇。オークス馬との着差はなんと6馬身以上！

エリザベス女王杯を勝った翌年は阪神牝馬Sを、5歳時には札幌記念を勝つなど重賞5勝をマークした。半兄はジャパンCを優勝したアイルランドのピルサドスキー（父 Polish Precedent）。いとこに根岸S2着馬のヒューマがいる。現役時代、調教師の伊藤雄二はサンデーサイレンスとの配合を期待していたが、現役引退前にサンデーサイレンスが死亡したことで繁殖入り初年度はキングカメハメハと交配された。しかし不受胎に終わり、調査の結果、受胎不可能であることが判明した。現在は馬主のオーナーブリーダー・伏木田牧場で余生を過ごしている（見学不可）。

ファインモーション

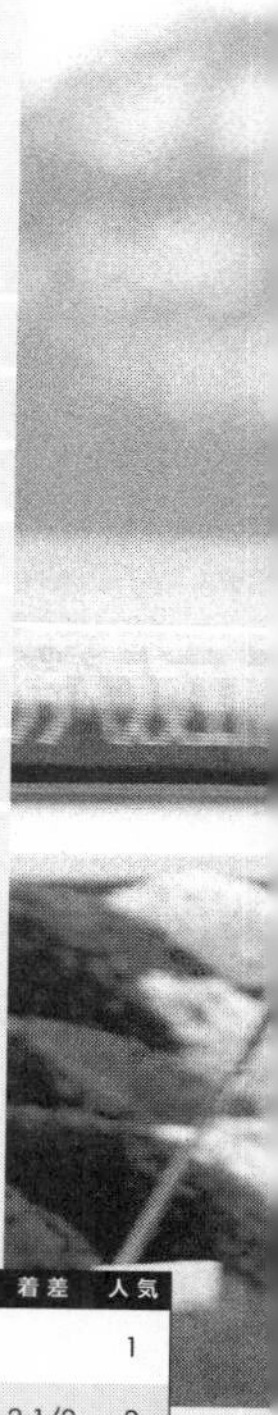

性別 牝

毛色 鹿毛

生誕 1999年1月27日〜

父 デインヒル

母 Cocotte（母父・Troy）

調教師 伊藤雄二（栗東）

生涯成績 8-3-0-4

獲得賞金 4億9451万円

勝ち鞍 秋華賞　エリザベス女王杯　ローズS　阪神牝馬S
札幌記念

第27回エリザベス女王杯（GI）
芝右　外2200m　晴　良　2002年11月10日　11R

着順	枠番	馬番	馬名	性齢	斤量	騎手	タイム	着差	人気
1	8	12	ファインモーション	牝3	54	武豊	2:13.2		1
2	4	5	ダイヤモンドビコー	牝4	56	O.ペリエ	2:13.6	2.1/2	2
3	1	1	レディパステル	牝4	56	蛯名正義	2:13.8	1.1/2	4
4	8	13	トーワトレジャー	牝5	56	田中勝春	2:13.9	3/4	8
5	6	9	ユウキャラット	牝3	54	池添謙一	2:14.1	1.1/2	7
6	3	3	スマイルトゥモロー	牝3	54	吉田豊	2:14.3	1	5
7	7	11	チャペルコンサート	牝3	54	熊沢重文	2:14.3	クビ	9
8	5	6	ローズバド	牝4	56	後藤浩輝	2:14.4	1/2	3
9	6	8	シルクプリマドンナ	牝5	56	藤田伸二	2:14.4	ハナ	10
10	5	7	ジェミードレス	牝5	56	菊沢隆徳	2:14.4	アタマ	6
11	2	2	ビルアンドクー	牝4	56	武英智	2:14.5	1/2	12
12	7	10	タムロチェリー	牝3	54	和田竜二	2:16.1	10	11
13	4	4	ブルーエンプレス	牝6	56	武幸四郎	2:16.3	1	13

コラム 2

名牝系ランキング ベスト5

血のロマンも、競馬の醍醐味 母馬を遡れば、新たな世界が目の前に広がる!

良血馬と呼ばれる馬の大半は、名牝系の出身。ここでは、日本の競馬で年々枝葉を広げている名牝系を独断でランキング化し、紹介していく。

第5位 バレークイーン牝系

現代の日本競馬で最も繁栄した牝系の一つ、バレークイーン系。自身は、キャリア3戦目でダービーを制し「和製ラムタラ」と呼ばれたフサイチコンコルドや、皐月賞馬アンライバルドを輩出。他にも、京成杯勝ちのボーンキングや、8歳でGIを2勝したカンパニーの父ミラクルアドマイヤを世に送り出したが、2番仔のグレースアドマイヤもまた名牝だった。

その初仔リンカーンは重賞3勝、GI2着3回と活躍し、ヴィクトリーは07年の皐月賞を勝利。その半妹スカーレットも、17年の青葉賞馬でダービー3着のアドミラブルを産んだ。

バレークイーンの母サンプリンセスも、現役時に英オークスやセントレジャーを勝ち、凱旋門賞2着の名牝。姪のアドマイヤラピスからは、アドマイヤホープ、アドマイヤフジ、アドマイヤコスモスが重賞を制し、半姉ロイヤルカードも、重賞2勝のアドマイヤデウスを産んだ。

第4位　ビワハイジ牝系

名牝として必ず名前が挙がるビワハイジは、現役時、GⅠの阪神3歳牝馬Sを勝つなど活躍したが、繁殖としても大成功。GⅠ6勝のブエナビスタをはじめ、11年の阪神JFを勝ったジョワドヴィーヴル、フローラS勝ちのサングレアルを輩出。さらに、それぞれが重賞を勝ち、種牡馬となったアドマイヤジャパン、アドマイヤオーラ、トーセンレーヴも送り出した。

しかし、本当の名牝は、母の母サンタルチアーナかもしれない。本馬は、ビワハイジの母アグサンを産んだ3年後に、サトルチェンジと名付けられる牝馬をこの世に産み落とした。

サトルチェンジは、01年の有馬記念などGⅠ3勝のマンハッタンカフェや、オールカマーを勝ったエアスマップを輩出。7番仔のマンハッタンフィズからも、アプリコットフィズ、クレスコグランド、ダービーフィズの3頭が重賞制覇。さらに、牝系の枝葉を伸ばすことに成功した。

第3位　エアグルーヴ牝系

現役時、ビワハイジのライバルだったエアグルーヴは、83年のオークス馬ダイナカールの4番仔。自身はオークスと天皇賞・秋を制し、牝馬として26年ぶりに年度代表馬に輝くほどの名馬だった。繁殖に上がってもその勢いは衰えず、初仔のアドマイヤグルーヴは、03年からエリザベス女王杯を連覇。母としても、現在は種牡馬として活躍している二冠馬ドゥラメンテを送り出し、ダイナカールから続く、母仔4代GI制覇の偉業を成し遂げた。

エアグルーヴは他にも、香港のクイーンエリザベス2世Cを勝利し、種牡馬としても活躍中のルーラーシップを輩出。さらに、フォゲッタブルやグルヴェイグも重賞ウイナーとなった。

第2位 ハルーワスウィート牝系

「大魔神」こと佐々木主浩オーナーが所有したヴィルシーナ、シュヴァルグラン、ヴィブロスのGI馬3頭。この3姉弟の母が、名牝ハルーワスウィートである。

その4代母バラッドは、タイキシャトルの父デヴィルズバッグ、エクリプス賞最優秀古牝馬のグローリアスソング、同賞年度代表馬セイントリアムの父セイントバラッドを輩出。

さらにグローリアスソングからは、99年のフェブラリーSを制したメイセイオペラの父グランドオペラや、GI6勝のファンタスティックライトを輩出した名種牡馬ラーイ、ジャパンCやドバイワールドCを制したシングスピールが誕生。それらの半妹シャンソネットも、10年のNHKマイルCを勝ったダノンシャンティの母となった。他、JBCレディスクラシックを連覇したホワイトフーガなど、とにかく枚挙に暇がないほど一流馬が誕生している牝系だ。

第1位　ウインドインハーヘア牝系

史上最強馬の呼び声高いディープインパクトや、GI・7勝のキタサンブラックを輩出したブラックタイドの母ウインドインハーヘアは、自身も名家の出身。

まず、姉のインヴァイトが、03年のNHKマイルCを制したウインクリューガーを輩出。さらに、母バークレアの妹ハイトオブファッションは、アンフワイン、英ダービー馬のナシュワン（種牡馬として輩出したバゴは凱旋門賞を勝利。クロノジェネシスの父としても有名）、そして英チャンピオンSなどGIを4勝したネイエフといった大物を、続々と世に送り出した。

ウインドインハーヘアに話を戻すと、3番仔のレディブロンドから、帝王賞勝ち馬のゴルトブリッツが誕生。その半妹ラドラーダは、17年のダービーと18年の天皇賞・秋を制したレイデオロを輩出した。ちなみに、種牡馬レイデオロとディープインパクトを持つ繁殖を掛け合わせれば、ウインドインハーヘアのクロスが発生。まさに、血統のロマンが詰まった配合といえる。

この他にも、シーザリオ系など、たくさんの名牝系が存在する現在の日本競馬。血統表に記載された母親の名前を遡れば、競馬を見る上で新たな楽しみが広がることだろう。

（齋藤翔人）

00年代前半に導入された
4種類の新馬券

99年から00年代前半にかけて、4つの新しい馬券が導入された。

ワイド（99年）――3着以内に入る2頭を当てる。3通りが的中。

馬単（02年）――1・2着を着順通りに当てる。組み合わせ総数は馬連の倍。

3連複（02年）――3着までに入る3頭を当てる（馬単と同時に導入）

3連単（04年）――3着までに入る3頭を着順通りに当てる。

これらの導入により、従来存在する馬券と合わせて8種類となったが、これらの売り上げ割合（2018年）は次の通りだ。

3連単―**31・5%**　**複勝**―**8・7%**　**単勝**―**6・2%**

3連複―**20・1%**　**ワイド**―**8・2%**　**枠連**―**3・1%**

馬連―**14・3%**　**馬単**―**6・6%**　**WIN5***―**1・3%**

少額で高配当が狙える3連単と3連複でおよそ半分。古くからの馬券（単勝・複勝・枠連）は、今や18%ほどのシェア率だ。

馬券の控除率（JRAの取り分）にも差ができた。単勝と複勝が20%、枠連・馬連・ワイド22・5%、馬単と3連複25%、3連単27・5%、WIN5 30%。馬券を1000円買った場合、単勝は200円、3連単は275円が控除される。

* **WIN5**　11年導入

第4章 史上2頭目となる牝馬三冠馬 2003年

2003

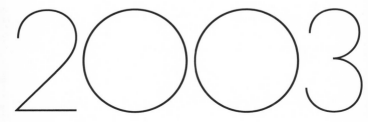

2003年
秋華賞

スティルインラブ

派手なライバル・アドマイヤグルーヴを破り続けた「地味な三冠牝馬」

2010年のアパパネ、12年のジェンティルドンナ、18年のアーモンドアイ、20年のデアリングタクトと、ここ10年ほどは牝馬三冠がコンスタントに出ている印象だが、それ以前にはわずか2頭。86年のメジロラモーヌ以来、17年ぶりに牝馬三冠を達成したのがスティルインラブである。

当時、牝馬三冠を——とりわけ桜花賞とオークスを連覇するのは難儀なことだった。桜花賞の舞台となる阪神競馬場は06年にリニューアルされ、府中に次ぐ長い直線が売りのコースに生まれ変わったが、それ以前の芝1600m戦は直線が短い内回りコースでの施行。現在の桜花賞では長い直線で切れる末脚が何よりも重要だが、かつては卓越したスピードと先行力が強い武器となった。これは府中2400mのオークスで求められる資質とは大きく異なり、それゆえ、牝馬三冠達成には現在よりも総合力と自在性が必要だったのだ。

というわけで、03年の牝馬三冠は間違いなく偉大な記録なのだが、スティルインラブに、いまひとつパッとしない「地味」なイメージを抱いてしまうのは筆者だけではないはず。

落ち着いた気性、レースでのソツのない立ち回り、派手さのない勝ちぶり、さらには古馬になってからの不振…。「地味」なイメージの背景にはいくつかの要因があるのだが、最も大きいのは、同世代のライバル・アドマイヤグルーヴとのキャラクターの違いではなかろうか。

スティルインラブは、三冠すべてのレースで2番人気に甘んじた。単勝オッズは、桜花賞、オークス、秋華賞の順に3・5倍、5・6倍、3・2倍（結果論だが、三冠馬のオッズとしては実においしい）。いずれのレースでも1番人気に支持されたのは、同じサンデーサイレンス産駒のアドマイヤグルーヴだった。97年秋の天皇賞馬・エアグルーヴの初仔で、セレクトセール史上最高価格（当時）の2億3000万円で〝名物馬主〟近藤利一オーナーに落札されるなど、デビュー前から大きな話題と注目を集めていた超良血馬である。さらに、鞍上は全盛期の武豊。アイドル的人気を集め、常に〝主役〟としてスポットライトを浴びていたアドマイヤグルーヴに対し、スティルインラブはいつも〝2番目の女〟として勝負に挑むのであった。

筆者はこの年の牝馬三冠物語に、あの名作ドラマ『東京ラブストーリー』を重ねてしまうのである。華やかで快活でキラキラした存在でありながら、なかなか報われない赤名リカ（鈴木保奈美）がアドマイヤグルーヴなら、一見おとなしく控えめだが、モテ男の医大生・三上（江口洋介）に優しいカンチ（織田裕二）と、いい男を二人ともモノにしてしまう関口さとみ（有森也実）はさながらスティルインラブ…などと喩えたら怒られてしまうだろうか。これはもちろん、さとみの圧倒的女子力に敬意を込めてこそ。「狙いを定め、確実にモノにする勝負強さ」は、母父ロベルトの血統的特徴である大舞台での底力そのものではないかと思うのだ。

そんな〝さとみ〟ならぬ、スティルインラブの牝馬三冠の軌跡を振り返ろう。

新馬戦と紅梅Sを連勝し、トライアルのチューリップ賞2着から臨んだ桜花賞。出遅れたアドマイヤグルーヴを歯牙にもかけず、好位から危なげなく完勝して一冠目。幸英明騎手に念願の初GIをプレゼントした。この時点では「強いマイラー」という印象である。

続くオークス。ダイナカール、エアグルーヴから続く母仔3代オークス制覇を期待されたアドマイヤが単勝1・7倍の圧倒的支持を集めたが、〝実〟を獲ったのはやっぱりスティルインラブ。直線で伸びを欠き7着がやっとのライバルを尻目に、中団から力強く追い込んでクラシック二冠目を手にした。

秋を迎え、スティルインラブは秋華賞トライアルのローズSを1番人気で5着と敗戦する。休養をはさんで馬体重プラス22キロと、仕上がり途上だったことを考えれば悲観は無用なのだが、同レースでアドマイヤグルーヴが鮮烈な差し切り勝ちを見せたこともあり、三冠ラストの秋華賞でも2番人気にとどまった。

ゲートが開くと、中団やや後方につけた幸（英明）・スティルインラブを、その背後から武・

アドマイヤグルーヴがピッタリと追走する展開。春はイレ込みがちだったアドマイヤだが、夏を越して気性面も成長したのか、よく折り合っている。4コーナーの手前からスティルインラブが早めにスパートを開始すると、アドマイヤも外からこれを追って勝負に出た。

直線では、2頭の周囲だけオーラが違って見える。リードを守るスティルインラブ、迫るアドマイヤ。直線が残り少なくなっても、1馬身ほどの差は詰まらない――。終始リードを保ったスティルインラブがそのままゴール板を駆け抜け、〝2番目の女〟の評価を優雅に笑い飛ばすかのように、史上2頭目となる牝馬三冠の偉業を達成したのであった。

1カ月後のエリザベス女王杯で、2頭は再び相対する。ここで、GⅠでは初めて人気が逆転し、1番人気スティルインラブ、2番人気にアドマイヤグルーヴ。レースはこの2頭の一騎打ちとなり、ゴール前の激しい叩き合いをハナ差で制したアドマイヤがついに戴冠を果たす。3歳ライバル同士のワンツーで熟女（＝古馬）たちを完封し、世代の強さを示して見せた。

しかしスティルインラブは、この2着を最後に精彩を欠く。三冠獲りと女王杯での激闘で、まるで燃え尽きてしまったかのように。デビューから5歳秋の引退まで、一度も乗り替わることなく彼女をエスコートしたのは幸英明。穏やかなスティルインラブと優しい笑顔の幸騎手は実にお似合いだった。古いジェンダー規範が批判される現代において大きな声では言えないが…牝馬の物語には、やっぱり素敵な王子様が相応しい。

（五十嵐有希）

ローズS 5着は叩き台？　17年ぶり2頭目の三冠牝馬に輝いたスティルインラブ。

仔出しのいい母ブラダマンテは16頭もの仔を産んだ。スティルインラブは10番仔。3番仔ビッグバイアモン（父バイアモン）はラジオたんぱ賞（現ラジオNIKKEI賞）に優勝したが、重賞ウイナーは16頭中2頭のみ。また4番仔ブレッシングは6勝を挙げてセントライト記念を3着したピサノパテック（父サンデーサイレンス）や小倉記念優勝馬アズマシャトル（父ゼンノロブロイ）を産んでいる。こうみるとサンデーサイレンスとの相性が抜群に良かったと感じる。なお2007年のオークス馬ローブデコルテは従姉妹にあたる。引退後のスティルインラブはジューダ（父キングカメハメハ）を産んだが、同馬はJRAで4戦未勝利、大井に転厩して2勝を挙げている。

スティルインラブ

性別	牝
毛色	栗毛
生誕	2000年5月2日
死没	2007年8月2日
父	サンデーサイレンス
母	ブラダマンテ(母父・Roberto)
調教師	松元省一(栗東)
生涯成績	5-2-1-8
獲得賞金	4億3777万円
勝ち鞍	桜花賞　オークス　秋華賞

第8回秋華賞(GI)
芝右2000m　晴　良　2003年10月19日　11R

着順	枠番	馬番	馬名	性齢	斤量	騎手	タイム	着差	人気
1	8	17	スティルインラブ	牝3	55	幸英明	1:59.1		2
2	5	10	アドマイヤグルーヴ	牝3	55	武豊	1:59.2	3/4	1
3	7	14	ヤマカツリリー	牝3	55	安藤勝己	1:59.2	クビ	8
4	1	2	ピースオブワールド	牝3	55	福永祐一	1:59.3	クビ	3
5	3	5	マイネサマンサ	牝3	55	大西直宏	1:59.3	ハナ	12
6	2	3	オースミハルカ	牝3	55	川島信二	1:59.4	1/2	6
7	2	4	メイショウバトラー	牝3	55	武幸四郎	1:59.5	クビ	7
8	6	11	メモリーキアヌ	牝3	55	角田晃一	1:59.7	1.1/2	13
9	4	8	レンドフェリーチェ	牝3	55	中舘英二	1:59.8	1/2	4
10	4	7	ヤマニンスフィアー	牝3	55	二本柳壮	1:59.9	1/2	9
11	6	12	ミルフィオリ	牝3	55	柴原央明	2:00.0	1/2	17
12	7	13	スターリーヘヴン	牝3	55	池添謙一	2:00.0	クビ	18
13	5	9	チューニー	牝3	55	後藤浩輝	2:00.1	クビ	10
14	8	18	タイムウィルテル	牝3	55	吉田豊	2:00.4	2	11
15	7	15	タンザナイト	牝3	55	秋山真一郎	2:02.0	10	14
16	3	6	レマーズガール	牝3	55	佐藤哲三	2:02.2	1.1/4	16
17	8	16	ベストアルバム	牝3	55	渡辺薫彦	2:02.5	1.3/4	5
18	1	1	トーセンリリー	牝3	55	藤田伸二	2:03.9	9	15

第8回秋華賞(GI)

芝2000m

2003年10月19日(日)

京都11R

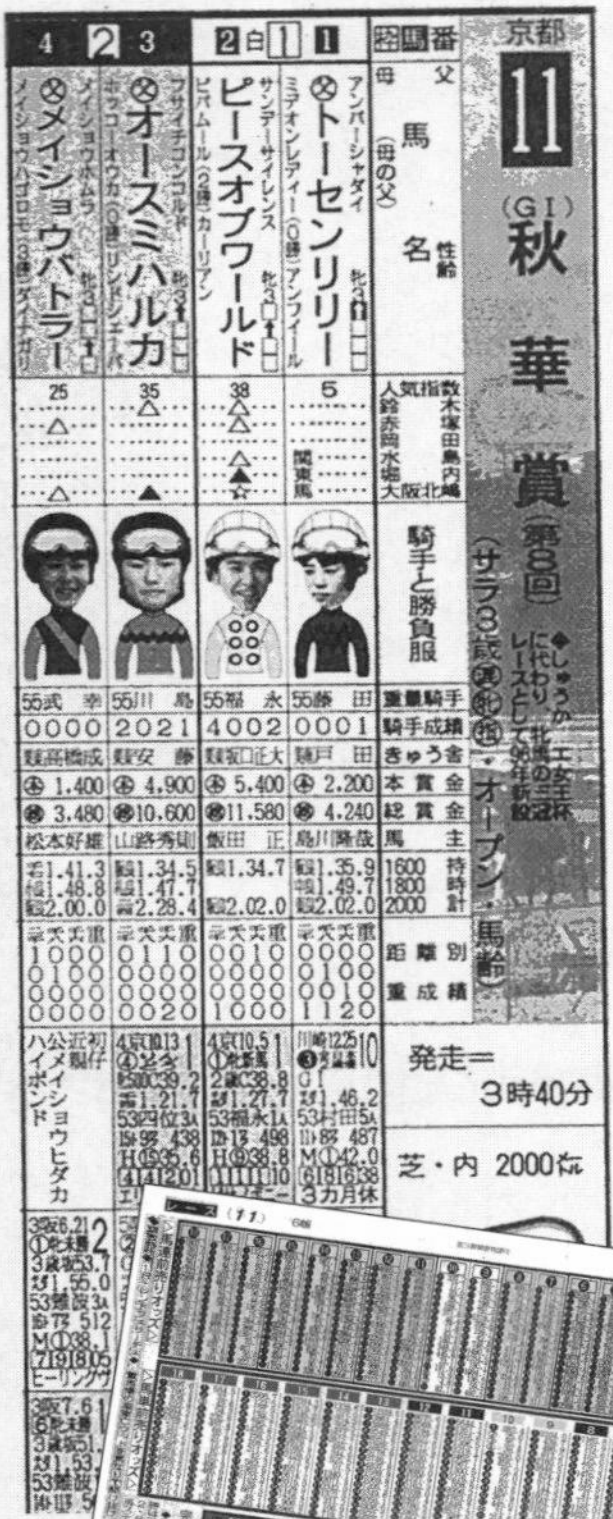

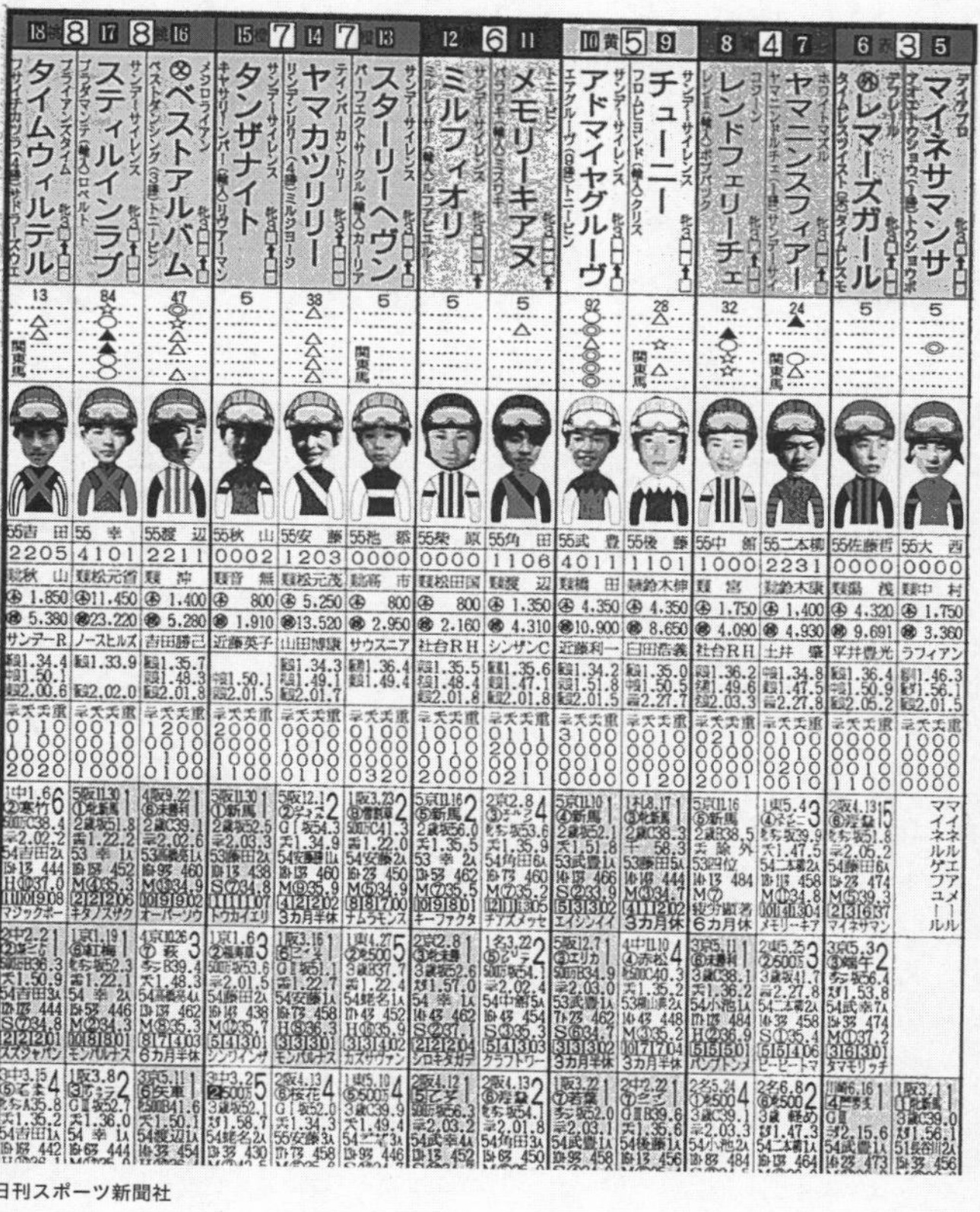

枠番	馬番	馬名	騎手	厩舎	馬主
3	5	マイネサマンサ	55大西	美中村	ラフィアン
3	6	レマーズガール	55佐藤哲	栗田茂	平井豊光
4	7	ヤマニンスフィアー	55二本柳	美鈴木康	土井肇
4	8	レンドフェリーチェ	55中舘	美宮	社台RH
5	9	チューニー	55後藤	美鈴木伸	臼田浩義
5	10	アドマイヤグルーヴ	55武豊	栗橋田	近藤利一
6	11	メモリーキアヌ	55角田	栗渡辺	シンザンC
6	12	ミルフィオリ	55柴原	栗松田国	社台RH
7	13	スターリーヘヴン	55池添	栗高市	サウスニア
7	14	ヤマカツリリー	55安藤	栗松元茂	山田博康
8	15	タンザナイト	55秋山	栗音無	近藤英子
8	16	ベストアルバム	55渡辺	栗坪	吉田勝己
8	17	スティルインラブ	55幸	栗松元省	ノースヒルズ
8	18	タイムウィルテル	55吉田	栗秋山	サンデーR

日刊スポーツ新聞社

牝馬三冠達成が、最後の白星に

スティルインラブが牝馬三冠に挑んだ舞台、紙面での二重丸は無冠の良血牝馬アドマイヤグルーヴに集まった。スティルインラブはここを制して三冠馬となるが、それが現役時代における最後の白星となった。一方でアドマイヤグルーヴはここを2着に敗れて次走・エリザベス女王杯を制覇。翌年も制して、実力派の牝馬として競馬界を賑わせた。

2003年
日本ダービー

ネオユニヴァース

デムーロ騎手にとっての「運命の馬」
絶妙なコース取りで勝ち取った日本ダービー

ネオユニヴァースという馬を思い出すとき、多くのファンはミルコ・デムーロ騎手を思い浮かべるのではないだろうか。彼やクリストフ・ルメール騎手が毎週のようにレースに騎乗していることに何の違和感もないが、ネオユニヴァースで大レースを勝った当時のデムーロ騎手は「短期免許で来日中の」という枕詞がついて回っていた。

ネオユニヴァースは、2戦目こそ池添謙一騎手が騎乗したものの、デビュー戦からコンビを組む福永祐一騎手が主戦騎手だった。ところが同じ瀬戸口勉厩舎には朝日杯フューチュリティSを勝利した2歳王者のエイシンチャンプも所属していて、福永騎手は両方の馬に騎乗していたため、一方の馬を選ばなければならない状況となった。どちらの馬にも将来性を感じていたと思われるが、瀬戸口調教師とも相談をした結果、GI競走の朝日杯フューチュリティSをすでに勝っていたエイシンチャンプを相棒に選び、この年のクラシック路線を歩むことを決めた。

一方のネオユニヴァースの鞍上は、この馬の生まれ故郷である社台ファームの代表吉田照哉氏の推薦もあり、イタリアからの短期免許で来日しているデムーロ騎手が選ばれ、スプリングSをステップに皐月賞を目指すことになった。

2番人気に推されたスプリングSを快勝し、きさらぎ賞から重賞2連勝。クラシック第一弾の皐月賞は堂々の1番人気での出走となった。最後の直線では前に馬がズラっと並び、自らの進路が確保できない場面も一瞬あったが、狭いスペースを見つけてそこから抜け出し、2着のサクラプレジデントとはアタマ差とはいえ見事にGI初挑戦で初制覇となった。

続くダービーに向かうにあたり、大きな問題が立ちはだかった。当時のデムーロ騎手が日本で乗るのはあくまで一時的なことであり、彼の競馬の拠点は祖国イタリアにあった。当時はイタリアの厩舎と専属契約を結んでいたため、調教師の意向次第ではダービー当日に日本に居られない可能性もあったのだ。だが、トレーナーがデムーロ騎手の日本行きを認めたことでコンビ継続。日本の競馬ファンも二冠馬の誕生を期待してか、単勝オッズは2・6倍の1番人気に支持した。2番人気は皐月賞2着のサクラプレジデント、3番人気は青葉賞を勝利してダービーに駒を進めてきたゼンノロブロイだった。

70回目という節目となった2003年のダービー当日の馬場状態は重。前日に少し早い台風が襲来し、競馬場に雨を降らせた影響だった。エースインザレースが作った流れは100

0m通過が61秒1。逃げ馬こそ内ラチ沿いを走っていたが、重馬場で悪くなった内側を避ける人馬が多く、2番手にいたゼンノロブロイやその直後のサクラプレジデントは内ラチから遠い場所を追走する展開。最初のコーナーを13番手で通過したネオユニヴァースは、そんなガラリと空いた内側をスルスルと進出。馬場の悪い内側でもなく、尚且つ、距離ロスも最小限にする絶妙な進路を選択して最後の直線へ。ゼンノロブロイの内側に潜り込んだネオユニヴァースは余力たっぷりの走りで抜け出しにかかる。皐月賞で接戦を演じたサクラプレジデントは前半に少し折り合いを欠いた影響か伸びはなかった。優勝争いはネオユニヴァース、そしてゼンノロブロイとザッツザプレンティの3頭に絞られると、最後にもう一度ネオユニヴァースが一伸びを見せてゼンノロブロイに半馬身の差をつけてゴール。見事に二冠達成となった。

日本競馬史上初となる「外国人騎手による日本ダービー制覇」という偉業を成し遂げたデムーロ騎手に対して、ファンからは大きな拍手が送られた。母国イタリアでもすでに大レースを制していたデムーロ騎手だが、レース後には「多くのファンに祝福してもらい、とても感激した。自国のダービーを勝ったときと同じぐらい、いやそれ以上に嬉しい」とコメントした。

その後ネオユニヴァースはダービー直後に宝塚記念に挑戦するも、ヒシミラクルの4着。

さらに秋はクラシック三冠制覇にも挑んだが、ザッツザプレンティの3着と惜敗が続いた。日本ダービー後の勝ち鞍は大阪杯（当時はGⅡ）のみだったが、デムーロ騎手のこの馬への信頼は少しも揺らぐことはなかった。特に印象的だったのは、ネオユニヴァースの課題点、欠点を聞かれた際に「人間の言葉を喋れないことぐらいだ」と答えたシーン。この人馬は絶大なる信頼関係で結ばれていたことが分かるエピソードとして忘れられない。さらにネオユニヴァースの引退後「デムーロ騎手にとってネオユニヴァースとは？」という質問には「私の財産」という、最大級の賛辞を送っていた。

もともと親日家でもあったデムーロ騎手。ネオユニヴァースでの日本ダービー制覇が、日本に拠点を置いて騎手を続けていく一つの契機になったであろうことは、想像に難くない。今ではインタビューでも流暢に日本語を操るだけでなく、納豆をこよなく愛し、厄年すら気にするほど。一部の競馬ファンからは「本当の日本人みたいだ」とすら言われる存在になった。特にそれを強く印象付けたのは、ヴィクトワールピサが2011年のドバイワールドCを制した時。引き上げて来た馬上で日の丸を掲げた姿は多くの日本の競馬ファンの胸を熱くした。そのヴィクトワールピサの父は、デムーロ騎手が主戦を務めたネオユニヴァース。自身が日本ダービーを勝った馬の息子に乗って、震災で傷ついた日本を元気付けたことは、長く語り継がれる偉業といえるだろう。

（並木ポラオ）

前日の雨で馬場状態の悪くなった内側から抜け出す快勝劇。デムーロ騎手は外国人初。

4歳9月に故障のため現役引退。札幌競馬場で引退式が行われた。その後は総額12億円のシンジケートが組まれ、初年度から3年連続で200頭を超える繁殖牝馬を集めた。アンライバルドが皐月賞、ロジユニヴァースが日本ダービーをそれぞれ勝ったことで親子制覇を成し遂げている。また、自身は海外遠征の経験はないものの、ドバイWCを制したヴィクトワールピサ、クイーンエリザベス2世Cを勝ったネオリアリズムと、海外のレースに強い産駒が多数いるのも特徴といえる。それだけに、ネオユニヴァースの海外での走りを見たかった、という声は今でも聞かれる。

ネオユニヴァース

性別 牡

毛色 鹿毛

生誕 2000年5月21日

死没 2021年3月8日

父 サンデーサイレンス

母 ポインテッドパス（母父・Kris）

調教師 瀬戸口勉（栗東）

生涯成績 7-0-3-3

獲得賞金 6億1337万6000円

勝ち鞍 日本ダービー　皐月賞　スプリングS　大阪杯　きさらぎ賞

第70回東京優駿（GI）
芝左2400m　曇　重　2003年6月1日　10R

着順	枠番	馬番	馬名	性齢	斤量	騎手	タイム	着差	人気
1	7	13	ネオユニヴァース	牡3	57	M.デムーロ	2:28.5		1
2	2	3	ゼンノロブロイ	牡3	57	横山典弘	2:28.6	1/2	3
3	8	18	ザッツザプレンティ	牡3	57	安藤勝己	2:28.7	3/4	7
4	8	16	サイレントディール	牡3	57	武豊	2:28.9	1.1/4	4
5	6	12	ゼンノジャンゴ	牡3	57	K.デザーモ	2:29.4	3	13
6	2	4	チャクラ	牡3	57	小林徹弥	2:29.5	1/2	14
7	1	1	サクラプレジデント	牡3	57	田中勝春	2:29.6	3/4	2
8	6	11	リンカーン	牡3	57	柴田善臣	2:29.7	クビ	9
9	7	14	クラフトワーク	牡3	57	後藤浩輝	2:29.7	ハナ	10
10	3	5	エイシンチャンプ	牡3	57	福永祐一	2:29.8	クビ	5
11	5	9	タカラシャーディー	牡3	57	佐藤哲三	2:29.8	クビ	8
12	5	10	マーブルチーフ	牡3	57	池添謙一	2:29.9	3/4	17
13	4	7	エースインザレース	牡3	57	松永幹夫	2:30.0	3/4	15
14	7	15	コスモインペリアル	牡3	57	武幸四郎	2:30.1	クビ	18
15	1	2	スズカドリーム	牡3	57	蛯名正義	2:30.4	2	11
16	4	8	ラントゥザフリーズ	牡3	57	藤田伸二	2:31.1	4	12
17	3	6	スズノマーチ	牡3	57	北村宏司	2:31.2	1/2	16
18	8	17	マイネルソロモン	牡3	57	四位洋文	2:31.4	1.1/2	6

2003年
天皇賞・春

ヒシミラクル

春の盾は戦乱の時代へ その幕開けを告げた菊花賞馬の逆襲

京都の街に生まれ育ち、京都競馬場をホームグラウンドとしてきた私にとって、天皇賞・春は特別なレースだ。毎年、大型連休期間に開催されることもあって、多くのファンでにぎわう一戦。私もこれまで何度も開門前から行列に並び現地観戦を経験したが、その度に他のGIと比べても一層の熱気に包まれる場内の盛り上がりを肌で感じてきた。

特に私が競馬ファンの仲間入りを果たした90年代後半から2000年代初頭にかけては、一時代を築いた名馬たちによる好勝負が毎年のように繰り広げられた。サクラローレルにマヤノトップガン、スペシャルウィーク、そしてテイエムオペラオー…彼らがその宿敵マーベラスサンデーやセイウンスカイ、ナリタトップロードたちと演じた戦いは、天皇盾の栄誉を競うにふさわしい格式を備えていた。そんな日本競馬最高峰を決める争いが地元の競馬場で行われることは、私にとっての誇りだった。

ところが、2003年の春はいつもとは違う気配が漂っていた。前年の日本ダービー馬であるタニノギムレットがすでに現役を引退し、皐月賞馬ノーリーズンも脚部不安で戦線を離脱。さらには、前年の天皇賞・秋と有馬記念を制し年度代表馬に輝いたシンボリクリスエスが天皇賞・春の回避を表明。

これによって、春の盾争いは一気に混戦ムードへと突入したのである。

単勝1番人気に支持されたのは、前哨戦の阪神大賞典を勝ったダイタクバートラムだが、この時点では重賞を1勝したばかり。2番人気のツルマルボーイも重賞で好走を続けていたが、3000m以上の長距離戦を走るのは初めてだった。3番人気のトーホウシデン、4番人気のファストタテヤマはともに菊花賞2着の実績があったとはいえ、GⅠのタイトルには手が届いておらず、いかにも主役不在を感じさせる顔ぶれとなった。

「このメンバーならチャンスはある」と意欲を駆り立てられたのだろうか、伏兵陣も積極的にエントリー。それまでの数年は12頭前後の少頭数で行われることの多かったレースがフルゲートの争いに一変した。出走馬にはダートを主戦場にしている馬の参戦や自己条件から格上挑戦する馬も見受けられるほど。かくして戦乱の場と化した天皇賞・春の幕が開いた。

果敢にハナを奪ったのはアルアラン。シースルオールがそれを追い、エリモシャルマンやタガノマイバッハらも先行集団を形成。後続馬群もひしめき合いながらの追走で、平均的なラップを刻みながらレースは展開していった。ダイタクバートラムと武豊騎手は中団で流れに乗りながらの追走。そしてその直後から進出のタイミングをうかがっていたのが、前年の菊花賞馬ながら単勝7番人気の低評価に甘んじていたヒシミラクルだった。

3コーナーの上り坂からジワジワと前との差を詰めにかかるロングスパートは、約半年前に見た菊花賞での光景と同じ。最後の直線の入り口で先行勢を射程圏に入れると、そこからさらにもうひと伸び、ふた伸び…残り約200mのところで先頭に躍り出ると、そのまま後続の追撃を振り切って勝利した。年が明けてから阪神大賞典12着・大阪杯7着と凡走が続き評価を落としていた菊花賞馬の逆襲が、見事に決まったのである。

2着に入ったのも単勝8番人気の伏兵サンライズジェガー。1番人気のダイタクバートラムが懸命に末脚を伸ばして3着に入ったが、天皇賞・春では1986年以来17年ぶりとなる万馬券が飛び出した。同時に、それまで上位人気の実績馬同士による決着が多かった天皇賞・春が、波乱の舞台へと姿を変えた瞬間でもあった。

まるで連鎖反応が起きたかのように、番狂わせは続く。

翌年は単勝10番人気のイングランディーレが大逃げを決め大観衆を静まり返らせると、その次の年も単勝13番人気のスズカマンボが勝利を収めた。2007年から2016年にかけては1番人気の馬が何と10連敗。オルフェーヴルやゴールドシップ、キズナなど単勝1倍台の圧倒的人気を背負った大本命が馬券圏内にも入れずに敗れるなど、ファンにとっても勝負の行方を占うのが難解なレースへと様変わりした。

その間に天皇賞・春の位置付けも大きく変化。海外遠征の活発化や大阪杯のGI昇格などによるローテーションの多様化、スタミナよりもスピード・瞬発力に秀でた牝馬の活躍などによって、現役トップクラスの馬が出走を回避することも珍しいことではなくなった。結果として、古馬のチャンピオン決定戦からステイヤーが覇を競う戦いへと移ろう中で、かつての王者たちがファンの期待に応え続けてくれた時代が尊く感じられるのであった。

戦乱の時代へと突入した天皇賞・春にその蹄跡を残したヒシミラクルは、続く宝塚記念でもなお単勝6番人気の支持にとどまりながら、またしても豪快な末脚で強力なメンバーを相手に勝利。淀での対決は叶わなかったシンボリクリスエスらをまとめてねじ伏せたその走りは、偉大なる天皇賞馬の先輩たちと変わらない風格と誇りを感じさせた。

3つのGIタイトル全てを人気薄で制した個性派として、その後も多くのファンから愛されたヒシミラクル。大舞台には強かった一方で、前哨戦のGIIでも大敗を喫してしまうなど、つかみどころのなさも彼の魅力だった。そんな「波乱劇の申し子」が新たな時代を迎えた天皇賞・春を制したのは象徴的な結末であったように思う。

（橋本祐介）

菊花賞10番人気、このレースは7番人気、宝塚記念は6番人気。稀代の穴馬ヒシミラクル。

父はナリタトップロード、ティコティコタックらを輩出したサッカーボーイ。母父のシェイディハイツは、父としては北九州記念3着のメガミゲランを出した実績があるくらいだが、母父としてはダイワパッションも輩出。そのダイワパッションは重賞を2勝したほか、母として皐月賞馬エポカドーロを輩出した。ヒシミラクルが挙げたGIの3勝はいずれも10番人気・7番人気・6番人気と人気薄で馬連は万馬券。穴党に愛された名馬でもある。宝塚記念でクビ差退けた2着馬ツルマルボーイは母父サッカーボーイ。

ヒシミラクル

性別 牡

毛色 芦毛

生誕 1999年3月31日～

父 サッカーボーイ

母 シュンサクヨシコ（母父・シェイディハイツ）

調教師 佐山優（栗東）

生涯成績 6-3-4-15

獲得賞金 5億1498万円

勝ち鞍 菊花賞　天皇賞・春　宝塚記念

第127回天皇賞・春（GI）
芝右　外3200m　晴　良　2003年5月4日　11R

着順	枠番	馬番	馬名	性齢	斤量	騎手	タイム	着差	人気
1	6	11	ヒシミラクル	牡4	58	角田晃一	3:17.0		7
2	7	14	サンライズジェガー	牡5	58	後藤浩輝	3:17.1	1/2	8
3	6	12	ダイタクバートラム	牡5	58	武豊	3:17.1	クビ	1
4	2	4	ツルマルボーイ	牡5	58	横山典弘	3:17.3	1.1/4	2
5	4	7	ダンツフレーム	牡5	58	藤田伸二	3:17.3	アタマ	9
6	1	1	ファストタテヤマ	牡4	58	安田康彦	3:17.5	1.1/2	4
7	4	8	トシザブイ	牡7	58	幸英明	3:17.6	クビ	17
8	8	16	タガノマイバッハ	牡4	58	安藤勝己	3:18.0	2.1/2	6
9	2	3	イングランディーレ	牡4	58	小林淳一	3:18.1	3/4	5
10	3	5	トーホウシデン	牡6	58	田中勝春	3:18.3	1.1/4	3
11	8	17	アクティブバイオ	牡6	58	福永祐一	3:18.5	1	13
12	5	9	マイネルアンブル	牡4	58	蛯名正義	3:18.7	1.1/4	10
13	7	13	エリモシャルマン	牡4	58	池添謙一	3:18.9	1.1/2	11
14	5	10	トップコマンダー	牡6	58	四位洋文	3:19.0	クビ	15
15	7	15	マイネルプレーリー	牡4	58	村本善之	3:19.1	3/4	12
16	1	2	アルアラン	牡7	58	本田優	3:19.2	1/2	18
17	3	6	イエローボイス	牡4	58	岩田康誠	3:19.7	3	14
18	8	18	シースルオール	牡7	58	佐藤哲三	3:20.2	3	16

2003年
エリザベス
女王杯

アドマイヤグルーヴ

女同士の絶対に負けられない戦い
超良血牝馬が三冠牝馬を競り落としGI初制覇

某テレビ局が放送するサッカー日本代表の試合で、アジアの国と対戦する際に使用される「絶対に負けられない戦いが、そこにはある」というキャッチフレーズ。調べると、このフレーズが使用され始めたのは2004年のこと。その後は、スポーツのみならずあらゆる業界で使用され、サラ・ブライトマンのイメージソングとともに、大変なじみ深いフレーズとなった。

その前年。競馬界の牝馬クラシック戦線でも、2頭のサンデーサイレンス産駒が、まさに「絶対に負けられない戦い」を繰り広げていた。

1頭は、スティルインラブ。名門・下河辺牧場の出身で、ノースヒルズマネジメントの所有馬。7つ上の半兄に、「未完の大器」ビッグバイアモンがいる良血馬だった。もう1頭は、アドマイヤグルーヴ。父サンデーサイレンスに、母は天皇賞馬にして年度代表馬のエアグルーヴ。日本競馬史上、屈指の超良血馬である。こちらは00年のセレクトセール当歳市場にて、牝馬としては当時の史上最高価格となる2億3000万円で、近藤利一オーナーが落札。鞍上に武豊騎手を配し、GⅠ勝利はもちろんのこと、ダイナカールから続く母娘3代GⅠ制覇の偉業も、至上命令とされていた。

しかし、セレクトセールから3年後。クラシックの舞台で輝きを放ち続けたのはスティルインラブだった。人気は、三冠レース全てでアドマイヤグルーヴが上回ったものの、秋華賞トライアルのローズSで敗れた以外は、ことごとく先着し優勝。GⅠ制覇どころか、メジロラモーヌ以来17年ぶりとなる史上2頭目の三冠牝馬に輝く大偉業を達成したのである。そして、鞍上の幸英明騎手は、デビュー10年目にして、念願だったGⅠジョッキーの仲間入りを果たした桜花賞から半年。今度は、三冠ジョッキーにまで上り詰めたのだった。

とはいえ、これで2頭の対決が終わったわけではない。秋華賞からおよそ1カ月後。ライバル同士の激闘譜、第5弾の舞台として用意されたのはエリザベス女王杯。この時、GⅠでは初めて、スティルインラブが人気で上回った。そのオッズは3・0倍で、アドマイヤグルーヴが3・6倍。戦前の予想では、ローズバドやレディパステル、ダイヤモンドビコーといった強豪古馬たちを差し置き、ここも若き2頭の一騎打ちになるという見方が大勢を占めていた。

ゲートが開くと、内からメイショウバトラーが飛び出すが、外からスマイルトゥモローが制して先頭へ。オースミハルカが2頭に続き、ヤマカツリリー、トーワトレジャーまでの5

頭が先団を形成。スティルインラブは、そこから5馬身ほど開いた6番手を追走していた。

一方、アドマイヤグルーヴは、さらにそこから5馬身後方の10番手。この日も暴走気味に逃げるスマイルトゥモローは1000mを57秒5で通過していて、既に20馬身以上の差をつけていた。

勝負所となる坂の下りに差し掛かっても、先団5頭は、後続に対して大きなリードを保ったまま。そして、ようやく、スティルインラブをはじめとする中団以降の各馬が差を詰め始めたのは、前が4コーナーを回らんとするところからだった。

しかし、スマイルトゥモローの逃げは、自身を含む先行各馬にとってあまりに厳しかった。直線に向き、内回りとの合流点を過ぎたところで先団5頭は一気に捉えられ、残り150mからは、予想どおり、スティルインラブとアドマイヤグルーヴが併せ馬で抜け出す。そしてここから、若き女同士の「絶対に負けられない」壮絶な死闘が繰り広げられたのである。

これまで、直接対決でどちらが多く勝ったか。今、調子が良いのはどちらか。はたまた、どちらの騎手が通算勝利数で上回っているか。どちらが、これまでGIをたくさん勝ってきたか。そんなことは関係ない、そんな議論は何の意味もなさないような一騎打ち。

力で、そして執念で、外からライバルを抑え込もうとするアドマイヤグルーヴに対し、馬体を併せ、内から激しく抵抗するスティルインラブ。わずか1カ月前。華麗さを身にまとい、三つ目のティアラを手にした若き牝馬が、根性丸出しにして、がっぷり四つに組んで競り合う。その間、わずか10秒弱——。

息を呑むような、激しい叩き合いが展開された末、最後の最後でほんの少しだけ前に出たのは、ここまでGⅠの舞台で後塵を拝し続けたアドマイヤグルーヴだった。ついに、執念が華麗さをわずかに上回ったのだ。

ゴール後、拳を軽く握りしめた武豊騎手。そこには、この世に生まれ落ちた瞬間からGⅠ制覇間違いなしとされていた超良血牝馬に、ようやくビッグタイトルをもたらすことができたという、安堵感のようなものが見て取れた。

そしてこの勝利は、ダイナカール、エアグルーヴから続く、母娘3代GⅠ制覇の偉業が成し遂げられた瞬間にもなった。母エアグルーヴが、5歳時に勝てなかったエリザベス女王杯。そのレースで、娘が雪辱したこともまた、一つの運命だったのかもしれない。

両馬は、その後も現役生活を続けた。この戦いで燃え尽きてしまったのかスティルインラブは8戦して勝利を挙げられなかったが、アドマイヤグルーヴは翌年もこのレースを勝利し連覇を達成。05年は敗れたものの3着に健闘し、阪神牝馬Sで有終の美を飾った。

そして、繁殖に上がってからも、二冠馬ドゥラメンテを輩出。

母仔4代GⅠ制覇のバトンを繋いだのである。

（齋藤翔人）

宿敵スティルインラブを下したアドマイヤグルーヴ。翌年は連覇を果たした。

ダイナカールから続く、母娘3代GI制覇を達成したアドマイヤグルーヴ。04年には、同レース史上2頭目となる連覇を達成。騎乗した武豊騎手は、01年から実に4連覇という大偉業を成し遂げた。アドマイヤグルーヴ自身は、セレクトセール当歳市場において高額で取引されたものの、最終的には、購買価格を倍以上も上回る、5億5000万円もの賞金を獲得。まさに、馬主孝行の馬だった。繁殖に上がっても、ダイナカールから続くバトンをしっかりと繋ぎ、結果的に最後の産駒となったドゥラメンテが、牡馬クラシック二冠を制覇。母仔GI制覇の偉業は4代にまで伸び、種牡馬となった同馬の産駒から、5代目のGI馬が出る確率は非常に高い。

アドマイヤグルーヴ

性別 牝

毛色 鹿毛

生誕 2000年4月30日

死没 2012年10月15日

父 サンデーサイレンス

母 エアグルーヴ（母父・トニービン）

調教師 橋田満（栗東）

生涯成績 8-1-3-9

獲得賞金 5億5133万円

勝ち鞍 エリザベス女王杯（2勝） 阪神牝馬S ローズS マーメイドS

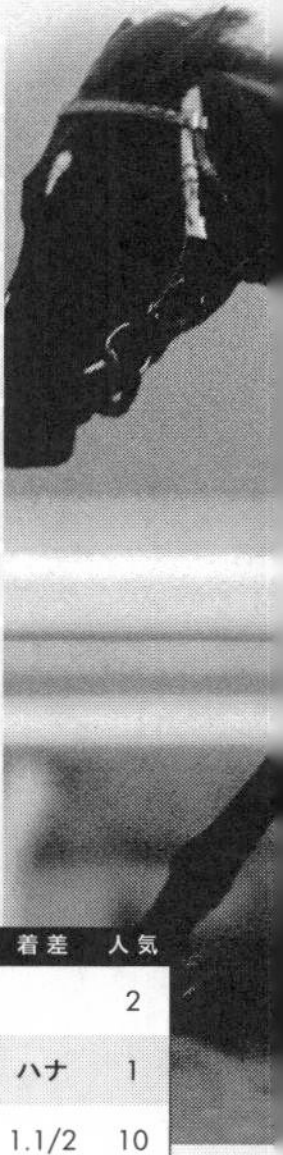

第28回エリザベス女王杯（GI）
芝右 外2200m 晴 良 2003年11月16日 11R

着順	枠番	馬番	馬名	性齢	斤量	騎手	タイム	着差	人気
1	4	7	アドマイヤグルーヴ	牝3	54	武豊	2:11.8		2
2	3	5	スティルインラブ	牝3	54	幸英明	2:11.8	ハナ	1
3	8	14	タイガーテイル	牝4	56	T.ジレ	2:12.0	1.1/2	10
4	2	3	レディパステル	牝5	56	蛯名正義	2:12.1	1/2	4
5	8	15	ローズバド	牝5	56	横山典弘	2:12.1	クビ	3
6	5	9	ダイヤモンドビコー	牝5	56	O.ペリエ	2:12.2	クビ	5
7	5	8	ヤマカツリリー	牝3	54	安藤勝己	2:12.3	クビ	8
8	1	1	アナマリー	牝4	56	C.スミヨン	2:12.4	1/2	6
9	2	2	オースミハルカ	牝3	54	川島信二	2:12.4	クビ	11
10	4	6	ヘヴンリーロマンス	牝3	54	松永幹夫	2:12.5	クビ	9
11	7	12	トーワトレジャー	牝6	56	上村洋行	2:12.7	1.1/2	15
12	3	4	メイショウバトラー	牝3	54	武幸四郎	2:12.9	1.1/2	12
13	6	11	ショウナンバーキン	牝5	56	四位洋文	2:13.3	2.1/2	14
14	6	10	シンコールビー	牝3	54	佐藤哲三	2:13.8	3	13
15	7	13	スマイルトゥモロー	牝4	56	吉田豊	2:14.0	1	7

2003年
ジャパンC

タップダンスシチー

一発勝負騎手・佐藤哲三と成し遂げたGI制覇

名馬が名人と呼ばれる騎手とタッグを組むのは頼もしい。が、それだと当たり前過ぎて面白みに欠けるところがなくもない。馬券が取れれば構わないではないか、と言われればそうなのだが、時にアウトローの血が騒ぐ（？）ことは誰にでも経験があるのではなかろうか。

例えば、摑みどころのない個性的な馬と、一筋縄ではいかない騎手がコンビを組むと、俄然、異彩を放つケースがある。その手のコンビを追いかけると痛い目に遭うことも多いが、馬券を離れて、レースを観ていて陶酔するような感覚になることがある。

2003年のジャパンCで、タップダンスシチーが見せたパフォーマンスがそれだった。

もともとタップダンスシチーはデビュー当初から普通の歩みをしない馬だった。3歳春に2000mのデビュー戦で2秒2離された9着と大敗。2戦目に一変して初勝利を挙げると続く若草S、京都新聞杯を5、3着と連続好走。その後は適性距離を考慮され、格上挑戦したり自己条件に戻ったりを経て、3歳の12月にやはり格上相手にレコード勝ち。

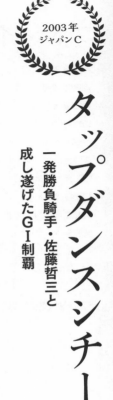

4歳になってからは中長距離志向で6戦するが、安定した先行力を武器に見せ場は作るものの、もう一歩の惜敗続きで、このシーズンは未勝利に終わる。この頃からファン泣かせのイメージが定着してくる。その性格は5歳になってからも同様で、いきなりGⅡの日経新春杯3着後、自己条件に戻って連勝し、続く日経賞2着で重賞初連対。いよいよ軌道に乗ったかと思わせておいて、満を持したオープン特別のメトロポリタンSを1番人気で3着。続く目黒記念は8番人気で5着。函館記念でも7番人気8着に終わってしまう。

このあたりで一部のファンは密かに注目することになる。どこかで一発がある、と。

とはいえ、5歳夏のこの時点で重賞未勝利の4勝馬。善戦はするものの勝ち切れない、といった、凡庸なオープン馬に過ぎなかったのだが、続く朝日チャレンジCで、一筋縄ではいかない鞍上と運命的な出会いをする。

デビュー14年目、コンスタントにリーディング上位に定着してきた佐藤哲三騎手だった。

ジョッキーは当然のこととして勝負師の顔を持つものだが、佐藤は中学時代、競艇選手になることを考えた時期があったというだけあって、レースへ向かう姿勢は根っからの勝負師のそれだった。その騎乗ぶりは一気呵成であり、逆に一本気過ぎて安定感に欠ける嫌いもあったが、とにかく人気に関係なく馬券に絡もうとする騎乗ぶりが、ファンからは「ここ一番に一発勝負できる騎手」といった評価を得始めていた。

だからこそ、このコンビ結成には大きな意義があった。

それがいかんなく発揮されたのが朝日チャレンジCだった。好位3番手から、先行2頭にラップを緩めることを許さず、直線も早めの仕掛けで後続を完封。阪神2000m1分58秒1というレコードを樹立して重賞初制覇を飾る。そして続く京都大賞典、アルゼンチン共和国杯を連続3着後、京阪杯5着を経て、初めて挑戦した有馬記念では早め先頭から粘りに粘ってシンボリクリスエスのレコードの2着に好走。「行き切って粘り込む」というレース運びが確立された点で、このGI初連対は大きな意味を持つことになる。

そして迎えた6歳春に金鯱賞、秋には京都大賞典を制して、天皇賞・秋をスキップ。これは距離適性を考慮した佐々木晶三調教師を始めとする陣営の戦略だったが、その目論み通り「生涯最高」のデキで臨んだのが第23回となるジャパンCだった。

馬場は重。前年の有馬2着時は稍重だったが、条件が揃えばレコードで走ってしまうスピードが身上だっただけに、一抹の不安は拭えなかった。今にして思えば、4番人気という微妙な評価は、そのあたりが影響したものだったかもしれない。自分自身、半信半疑で単勝馬券を購入したことを覚えている。

スタートから後続を離して逃げても、手応え楽に3コーナーを回っても、セーフティーリードを保って直線を向いても、安心はできなかった。ところが、こちらの気持ちなどお構いなしに、坂下から更にグングンと後続を引き離す。声を出そうにも、力強くまっすぐに伸びる様を茫然と眺めて息を飲むばかり。最後はまさに陶酔感があっただけだった。実際、東京競馬場のGⅠでは、こういうレースは滅多に見られるものではない。

しかし、このサクセスストーリーで終わらないのがこのコンビの悩ましい(？)ところだった。続いて駒を進めたのが前年2着の有馬記念で、レコードでぶっち切ったシンボリクリスエスの8着に敗れてしまう。かと思えば年明けに金鯱賞を連覇し、続く宝塚記念でGⅠ2勝目。秋に凱旋門賞に挑戦して大敗するが、帰国初戦の有馬記念2着。8歳を迎えた金鯱賞では同一重賞3連覇の偉業を達成する。さすがにそこまでは、と思って単勝を控えた。よせばいいのに、そのミスを取り返したくなってしまった。続く宝塚記念、秋の天皇賞と空振り。この2戦は行きっぷりも本来のものがなく、いよいよピークが過ぎたかと見限ったジャパンC(10着)の逃げっぷりは悪くない、と思えた。そして迎えたのがディープインパクト相手の有馬記念だった。「ここで無敗の三冠馬を破ることこそタップダンスシチーと佐藤哲三のコンビにふさわしいではないか」――そう考えた。

このコンビの最後となるレース。自分の買った単勝馬券は4コーナー手前で紙屑となってしまった。しかし、まったく悔いはなかったし、今もその思いは変わらない。このタイプの人馬に魅入られてしまうのは、逃れようのないファン心理なのである。

(和田章郎)

競馬史に残る大逃げ…2着馬との着差は9馬身、3着シンボリクリスエスには9馬身3/4！

一口馬主クラブである友駿ホースクラブの所有馬だったこの馬は募集価格 3000 万円＝1 口 6 万円（500 口）だった。一口賞金は総額 216 万円、元金は 36 倍に膨れ上がった。引退後、種牡馬となり種付け料が一口馬主に分配されている。初年度は 163 頭、2 年目は 127 頭に種付けするも JRA での勝利はわずか 21 勝、重賞勝ち馬は出せずに終わった。もっとも活躍した産駒はドリームビーチ（11 年サロマ湖特別優勝）。11 年を最後に種牡馬を引退、乗馬転向を目指したが気性面から断念されている。

タップダンスシチー

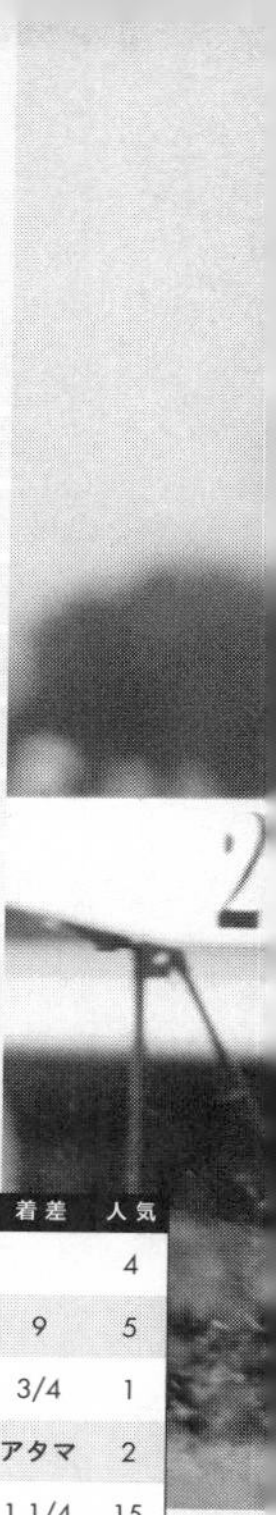

性別 牡

毛色 鹿毛

生誕 1997年3月16日〜

父 Pleasant Tap

母 All Dance（母父・Northern Dancer）

調教師 佐々木晶三（栗東）

生涯成績 12-6-7-17

獲得賞金 10億8422万円

勝ち鞍 ジャパンC　宝塚記念　金鯱賞（3勝）　京都大賞典

第23回ジャパンカップ（GI）
芝左2400m　曇　重　2003年11月30日　10R

着順	枠番	馬番	馬名	性齢	斤量	騎手	タイム	着差	人気
1	1	1	タップダンスシチー	牡6	57	佐藤哲三	2:28.7		4
2	5	10	ザッツザプレンティ	牡3	55	安藤勝己	2:30.2	9	5
3	3	5	シンボリクリスエス	牡4	57	O.ペリエ	2:30.3	3/4	1
4	4	8	ネオユニヴァース	牡3	55	M.デムーロ	2:30.3	アタマ	2
5	6	11	アクティブバイオ	牡6	57	武幸四郎	2:30.5	1.1/4	15
6	8	17	タイガーテイル	牝4	55	T.ジレ	2:30.6	クビ	14
7	5	9	アンジュガブリエル	牡5	57	T.ジャルネ	2:30.7	1/2	3
8	1	2	デノン	牡5	57	C.ナカタニ	2:30.8	1/2	7
9	7	14	イズリントン	牝4	55	K.ファロン	2:31.0	1.1/4	8
10	6	12	ダービーレグノ	牡5	57	幸英明	2:31.2	1.1/2	18
11	8	18	サンライズペガサス	牡5	57	柴田善臣	2:31.3	1/2	12
12	3	6	アナマリー	牝4	55	C.ルメール	2:31.3	クビ	17
13	7	15	スルーヴァレイ	牡6	57	J.シャヴェス	2:31.3	ハナ	16
14	2	3	サクラプレジデント	牡3	55	武豊	2:31.4	1/2	10
15	4	7	ツルマルボーイ	牡5	57	横山典弘	2:31.9	3	9
16	7	13	ジョハー	牡4	57	A.ソリス	2:35.6	大	6
17	8	16	サラファン	セ6	57	V.エスピノーザ	2:35.9	2	13
18	2	4	フィールズオブオマー	セ6	57	S.キング	2:38.2	大	11

コラム
3

ハルウララ旋風が巻き起こった

負け続けている馬に白羽の矢が立った
高知競馬を救ったブームの舞台裏

「高知競馬が廃止の瀬戸際だった時代ですね。高知県へ四半期ごとに財政報告をして、赤字が出るとアウトという状況です。なんとか打開せねばと、毎朝、高知県競馬組合管理者と共に、人を呼ぶためのアイディアをひねり出すための会議をしていました」

ハルウララのブレイク直前、高知県競馬組合の広報だった吉田昌史さん。88億円にもおよぶ累積赤字を高知県・高知市が負担することになり、次の赤字は出せなかった当時のことを「何かしなくてはいけないと思う日々だった」と振り返る。毎朝の激論は、長時間に及ぶことも度々あったという。その際、吉田さんの脳裏に浮かんだのは、昔の高知競馬で見た光景だった。

「若手の頃、特に宣伝もしていないのに人がぞろぞろ入ってくる日があったんです。あとで調べると、ハッコウマーチという名馬が出走している日でした。競馬新聞『中島高級競馬號』では二重丸より上の印である二重四角がついているほど強い馬。なんといっても26連勝したんですから。

ハルウララ関連馬券専用前売発売所。

その時に『ああ、宣伝しなくてもスター馬がいれば人は来るんだな…』と思ったんです。だからこそ、高知競馬存続の危機には、スター馬の登場が一番手っ取り早いと考えていました」

その考えに共感したのが、高知競馬の実況を担当する橋口アナ。ピックアップされたのは、ハルウララではなく、イブキライズアップという馬だった。こちらは、中央で一戦して高知に移籍し、3戦目からは怒濤の連勝街道を突き進んでいる『強い』スター馬。すぐにニュースリリースを報道各社に送付した。芦毛というのも、地方からスターホースとなったオグリキャップを連想させた。

「その作戦はうまくいきました。騎手の奥様方もグッズを自分たちで作ってくれるなど、非常に協力してくれましたし、次第にイブキライズアップの知名度は上昇。ファンも増えましたし、試しに作ってみたTシャツも売れました」

しかし、その流れは長くは続かなかった。イブキライズアップが遠征後に調子を崩してしまったのだ。他にスター候補はいないか――その当時、イブキライズアップのTシャツ10列に対して隅っこの方に1列だけTシャツが置かれている馬がいた。それがハルウララだった。

「ハルウララを見出してくれたのも、橋口アナでした。内部でも『負け続ける馬を…』という葛藤はありましたが、私個人としては、何かはわからないけど『やらなければならないことなのかもしれない』という、根拠のない不思議な気持ちはありました。自分と重ね合わせている部分もあったのかもしれません」

ニュースリリースを40社に出したところ、ほとんどで破棄されたが、知人がデスクに掛け合ってくれたことで一社だけ掲載に。最初は地方版と聞いていたが、いつの間にか全国版の記事になっていた。新聞に掲載されるとTV番組から「ハルウララの写真が欲しい」と電話があり、全国ネットの情報番組で取り上げられる。そこから、ブームが広がっていった。

「全国区の知名度を得たハルウララに、各地から『ハルウララに励まされた』という温かい声が届くようになりました。病気の方や不登校の方、仕事がうまくいっていない方など、様々な方からのメッセージをいただきました。一方で、内部ではしばらくの間『負け馬ばかり宣伝する』とバカにされていたので、肩身が狭かったですね。『あいつはなにをやっているんだ』と言われることもありました」

日を追うごとに取材陣は増えていく。時には馬房を勝手に撮られるなど、エスカレートした取材も出てくるようになった。管理する宗石調教師は当初そうした流れに難色を示していたが、高知競馬全体の雰囲気が変わってきているのを実感してからは毎週夜中に取材へ協力してくれるようになっていったという。

「私も下の子供が生まれたばかりの時期でしたが、家に帰れない日々が続きました。毎週の取材は、半年以上続きましたね。宗石調教師は何度もつらい思いをされたかと思います。ハルウララに対する関係者の扱いが大きく変化したことが、二度ありました。一つ目は100敗目の時、そして二つ目は武豊騎手が乗りに来てくれた時です」

人気が過熱していく一方で、ハルウララの単勝やグッズは売れるものの他のレースの売り上げはそれほど伸びないというジレンマも抱えていた。2003年12月に100敗目を喫した際、事務所に詰め掛けた報道陣が今度の戦略について問いかけたところ、管理者が「武豊騎手が乗ってくれたら面白い」と回答。すぐに、大きな反響があった。

「何も調整せずに口にしてしまったので方々から怒られましたが、それでも話は進み、武騎手が高知に来てくれることになりました。それ以降は電話が鳴り止まず、旅行会社からは『特別観覧席450席を全席貸し切りたい』というオファーがあったり、入場規制やマスコミ対応などの検討にも追われました。武騎手が来る1週間前からは泊まり込みでしたね」

ハルウララに武騎手が騎乗する2004年3月22日、見たこともない行列が高知競馬場前にできていた。開門を1時間早め、昼頃には入場制限をするほどの大盛況。高知の交流重賞・黒船賞が開催される日でもあったため、安藤勝己騎手や武幸四郎騎手らも来場して盛り上がりに拍車をかけた。

「多くの方がレース前からニコニコと笑っている、見たことのない雰囲気の競馬場になっていました。1日の売り上げが8億6904万円にもなったんです。翌日、宗石調教師にそのことを伝えると『高知競馬の役に立ててよかった』と涙を流して喜んでくださいました。その日をきっかけに、ようやく周囲も優しくなりましたね」

ハルウララの巻き起こしたブームを、吉田さんは「高知競馬が全国に認知されるきっかけになった」と振り返る。ハルウララの話題は海を越え、アメリカからもファンが来るほどだった。アメリカで短編映画が作成されたこともあった。

「ハルウララが引退してから、また大変な時代が続きました。高知競馬が本当に持ち直したのは、ナイターを始めたことがきっかけですね。職員や厩舎関係者も続々と減るなかで歯を食いしばりながら頑張った方々のおかげで、今の高知競馬があります」

今では売り上げ更新のニュースを耳にすることも多くなった高知競馬。ハルウララブーム、ナイター競馬などの実現に漕ぎ着けた関係者たちの惜しみない努力は、今、大きく実っている。

（聞き手　緒方きしん）

2004年3月22日、ハルウララは鞍上に武豊を迎えた。

第5章

最強の大王が降臨した　２００４年

2004

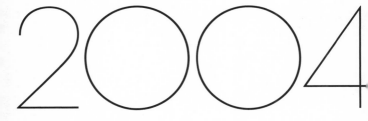

2004年
日本ダービー

キングカメハメハ

エリートVS雑草の対決
超絶レコードで変則二冠馬に

競馬雑誌で予想をして30年近くになる。雑誌の場合、レースの2週間前ほど前に印を打つため、枠順はもちろん、直前の状態（調教）などを見ることができず、馬によってはジョッキーも未定であるため、能力比較や実績、血統適性などが予想のカギとなる。競馬専門紙での予想と異なる点だ。

中でもクラシック予想は実績が最上位となる。前走内容やコース適性、破ってきた相手、レースごとの着差（着順より重視）を吟味した上で展開、脚質、父の距離適性などを比較する。推奨理由を1000字ほどで書かねばならず、しっかりと吟味しなければならない。

2004年の日本ダービーはギリギリまで◎を決められなかった。皐月賞馬ダイワメジャー、皐月賞2着コスモバルク、青葉賞優勝ハイアーゲーム、京都新聞杯を勝ったハーツクライ、東京スポーツ杯2歳Sを勝った後、休養を経て青葉賞で復活したアドマイヤビッグなど有力馬が多く、締め切り数日前にキングカメハメハがNHKマイルCをレコード優勝していた。

皐月賞優勝馬ダイワメジャーは1分58秒6と速い時計で勝利したものの、ここまでの5戦がすべて中山コースであり、東京コースは未経験。皐月賞を2番手先行で勝った展開も、東京ではマイナス材料だと感じた。皐月賞を人気薄で勝ったのもダービーでは不安材料だった。

NHKマイルCを制したキングカメハメハは6戦5勝と底を見せていない。2200mのすみれSを勝つなど距離適性もあり、東京コースも問題なし。本来ならば◎を打ちたくなる実績馬だが、三つの点が気になった。

まずは皐月賞をパスしたこと。日本ダービーの根幹は皐月賞組である。

二つ目は騎手だ。ダービーともなると騎手の継続騎乗に目がいくが、デビュー戦を安藤勝己で勝つと、2戦目のエリカ賞を武豊で制し、続く京成杯（3着）はD・バルジュー。すみれSでアンカツに戻るも、5戦目の毎日杯は福永祐一に乗り替わった。ダービー馬になるには乗り替わりが多すぎる感もした。

何より気になったのはローテーションだ。ダービーに向けて距離を伸ばしていくのが通常だが、キングカメハメハは1800m↓2000m↓2200m↓2000m↓1600m↓2400mという使われ方となる。3年前にクロフネが敗れ、2年前にタニノギムレットが勝った、いわゆる松国ローテ*だが、距離適性という視点から懐疑的な感をもっていた。競走馬育成に関しては素人だが、馬券がギャンブルである以上、そこにも目を向けなくてはな

***松国ローテ（マツクニローテ）**　1600mのNHKマイルCを走り、2400mの日本ダービーに向かうローテーション

らない。

さらに。私が軽蔑をしている某予想家が「キングカメハメハでいいんじゃね?」と語っていた。この方は◎を常に1番人気に打ち、平場の難しいレースはサイコロを振って予想をする。いわゆるチビ*予想のトラックマンで、的中理由を聞くともっともらしいことを語るのだが、アルバイトに忙しく女遊びばかりしている。しかも馬券は1円も買わない。

いつしか、この男の推奨馬に対して反骨心が湧いてきた。

人気を集めそうなコスモバルクはホッカイドウ競馬でデビューを果たし、血統は地味なザグレブ。マイネル軍団の持ち馬であり、2着だった皐月賞の上がりはメンバートップ、東京コースも経験済み(百日草特別優勝)。重賞もラジオたんぱ杯2歳Sと弥生賞を連勝しており、鞍上の五十嵐冬樹にも勢いを感じた。

コスモバルクのレースを観ながら、ハイセイコーとオグリキャップを思い出した。どちらも地方出身で中央競馬のスターとなった馬である。雑草がエリートを打ち負かすのは競馬の醍醐味であり、知り合いの京大卒競馬ファンが「父のキングマンボはジャパンC優勝のエルコンドルパサーを輩出するなど距離&コース適性は十分。ここにラストタイクーンのキレ味が加わった。ノーザンダンサーの4×4のクロスが…」などと語っているのを聞くと、またもや反骨心が湧いてくる。結果は◎コスモバルク。あれこれと理由を書いたが、その根底には「みてろおめーら」という気持ちが存在した。

2週間後。スタートから飛び出したマイネルマクロスが大逃げを打った。1000m通過ラップは57秒6。向正面で後続を離す同馬に、数馬身離れた2番手のコスモバルクが3コーナーから迫り、4コーナーでは鞍上の五十嵐が後ろを振り向き先頭に立った。次の瞬間、同馬のすぐ外を回ったキングカメハメハが別次元の脚で競りかかった。粘るハイアーゲームを2馬身3馬身とチギっていく。「驚異的なダービーレコードです！」とのアナウンスの後、電光掲示板に「2・23・3」と数字が灯った。アイネスフウジンの2分25秒3を2秒も更新、史上初めてNHKマイルCと日本ダービーの変則二冠が達成された。

対してコスモバルクは騎乗ぶりに批判が起こった。確かに早仕掛けにも感じたが、騎手ではない私は騎乗に関しては素人であり、黙って見ていた。

異なる距離で2戦連続レコード勝利を記録したキングカメハメハだが、秋初戦の神戸新聞杯を勝った後、右前浅屈腱炎により引退。「競走馬にとってハードな使い方だ」と松国ローテに対して批判の声も上がったが、そこも素人の私には何ともいえない、と感じた。

引退後、ダービー馬ドゥラメンテやレイデオロ、三冠牝馬アパパネ、短距離王者ロードカナロアなど活躍馬を多数輩出、ディープインパクトとともに生産界を席巻。21年4月には産駒がサンデーサイレンス、ディープに次いで通算2000勝を達成している。（小川隆行）

変則二冠達成の瞬間、馬上で笑みを浮かべるアンカツと競馬界を席巻したキンカメ。

種牡馬デビュー後、3、4年目にリーディングサイヤーに輝き、ディープインパクトが現れると2位が指定席となった。年間種付け総数は最高時で266頭（2010年）にも及ぶなど産駒総数は1854頭、GI優勝馬は12頭を輩出。代表産駒ロードカナロアは短距離GIを6勝したが、同馬以外は中距離を得意とする産駒が多く、ダートGI優勝馬も3頭。重賞ウイナー（JRAのみ）は60頭を超える。サンデーサイレンス牝馬との配合ではローズキングダム、ドゥラメンテ、トゥザグローリー、ベルシャザール、トゥザワールドなど活躍馬を数多く送り出し、17年にはレイデオロがダービー馬となっている。

キングカメハメハ

性別 牡

毛色 鹿毛

生誕 2001年3月20日

死没 2019年8月9日

父 Kingmambo

母 マンファス（母父・ラストタイクーン）

調教師 松田国英（栗東）

生涯成績 7-0-1-0

獲得賞金 4億2973万円

勝ち鞍 日本ダービー　NHKマイルC　神戸新聞杯　毎日杯

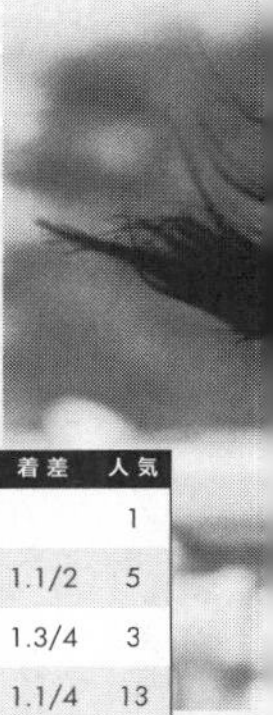

第71回東京優駿（GI）
芝左2400m　晴　良　2004年5月30日　10R

着順	枠番	馬番	馬名	性齢	斤量	騎手	タイム	着差	人気
1	6	12	キングカメハメハ	牡3	57	安藤勝己	2:23.3		1
2	3	5	ハーツクライ	牡3	57	横山典弘	2:23.5	1.1/2	5
3	8	17	ハイアーゲーム	牡3	57	蛯名正義	2:23.8	1.3/4	3
4	7	14	キョウワスプレンダ	牡3	57	佐藤哲三	2:24.0	1.1/4	13
5	7	13	スズカマンボ	牡3	57	武幸四郎	2:24.0	ハナ	15
6	2	4	ダイワメジャー	牡3	57	M.デムーロ	2:24.3	1.3/4	4
7	8	18	ピサノクウカイ	牡3	57	D.オリヴァー	2:24.4	1/2	8
8	5	9	コスモバルク	牡3	57	五十嵐冬樹	2:24.5	1/2	2
9	8	16	ホオキパウェーブ	牡3	57	岡部幸雄	2:24.7	1.1/2	9
10	6	11	グレイトジャーニー	牡3	57	小牧太	2:24.9	1.1/2	14
11	5	10	フォーカルポイント	牡3	57	田中勝春	2:25.3	2.1/2	11
12	7	15	コスモサンビーム	牡3	57	四位洋文	2:25.8	3	7
13	4	7	マイネルデュプレ	牡3	57	内田博幸	2:26.0	1.1/4	16
14	3	6	アドマイヤビッグ	牡3	57	武豊	2:26.3	1.3/4	6
15	1	2	ヴンダー	牡3	57	柴田善臣	2:28.0	大	18
16	1	1	マイネルマクロス	牡3	57	後藤浩輝	2:28.4	2.1/2	10
17	4	8	メイショウムネノリ	牡3	57	福永祐一	2:31.3	大	17
中	2	3	マイネルブルック	牡3	57	藤田伸二			12

第71回日本ダービー（GⅠ）

芝2400m
2004年5月30日（日）
東京10R

東京 10

（GⅠ）日本ダービー（第71回）

東京優駿（サラ3歳）オープン・牡57キロ・牝55キロ

◆DERBY 英ダービーの創設は1780年で日本は1932年

発走＝3時40分

芝 2400メートル

枠馬番	1 1	2 白 1	3 2	4
父	フジキセキ	フジキセキ	スターオブコジーン	スカーレットブーケ
馬名	マイネルマクロス	ヴンダー	マイネルブルック	ダイワメジャー
母（母の父）	サクラエンドレス（2勝）サクラユタカ	エーピーダイヤ（0勝）トニービン	ウイニングリバー（未0勝）ムーンマッド	サンデーサイレンス（6勝）ノーザンテ
性齢	牡3	牡3	牡3	牡3
人気指数	22	5	16	42
重量騎手	57後藤	57柴田善	57藤田	57デムーロ
騎手成績	0101	0000	1003	1000
きゅう舎	美中村	美伊藤雄	美田村	美上原
本賞金	2,000	800	2,900	5,250
総賞金	6,470	3,730	7,400	11,990
馬主	ラフィアン	酒田昌伸	ラフィアン	大和商事
持時計 1800 2000 2400	京1.46.8 中1.59.4	中1.47.6 東2.00.2	京1.48.0 中1.59.7	中1.48.5 中1.58.6

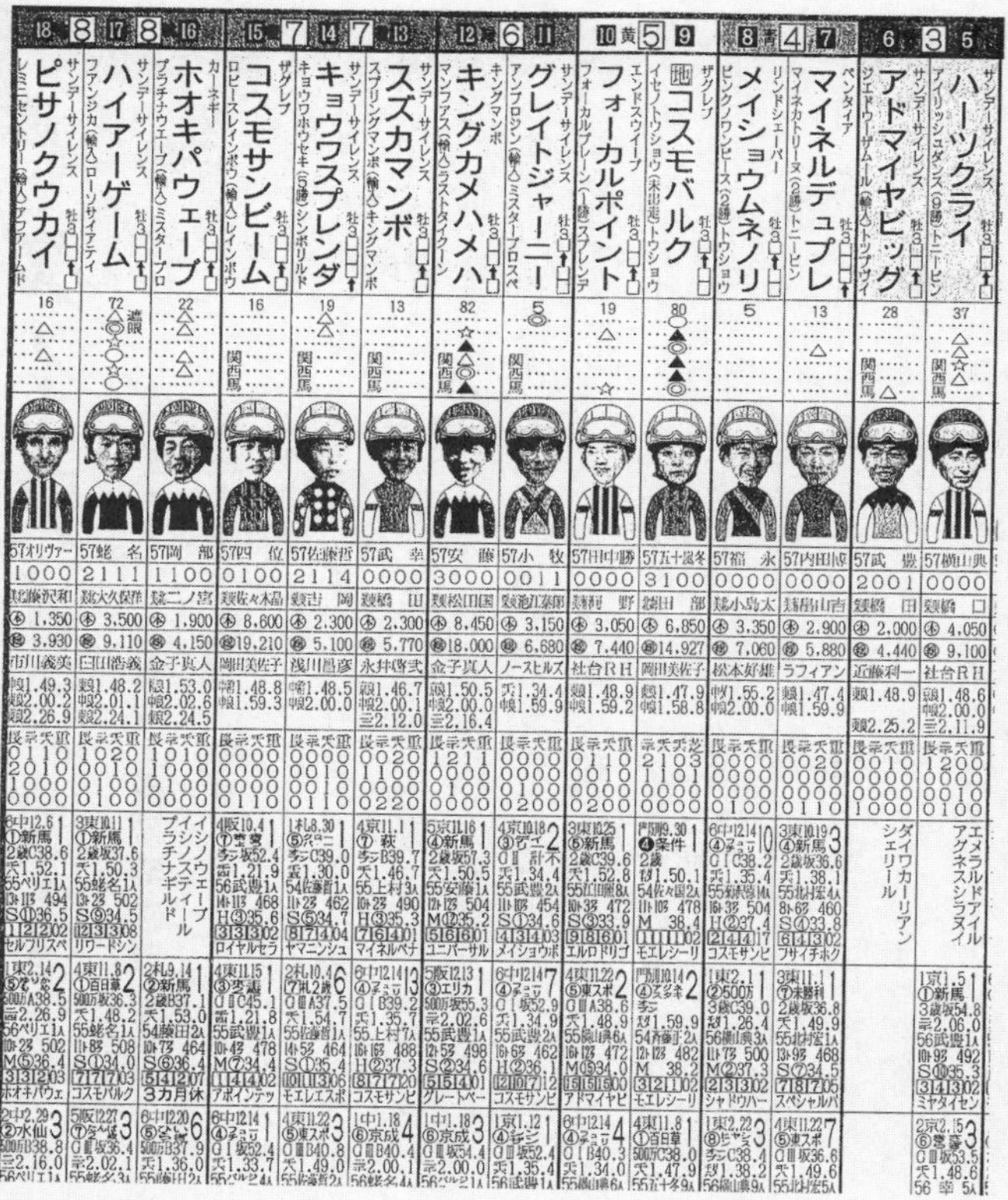

日刊スポーツ新聞社

名種牡馬も多数輩出した、伝説のダービー

「歴史作るのはオレ」という見出しとともに紹介されたキングカメハメハ。紙面では「松田国師の同一馬、中２週 GI 制覇の野望」と特集され、01 年クロフネ・02 年タニノギムレットが紹介されている。この年はダイワメジャー、ハーツクライ、キングカメハメハといった種牡馬としても活躍した馬たちが多く出走。スズカマンボもメイショウマンボ、サンビスタ、メイショウダッサイといった多様な名馬を輩出した。

2004年
皐月賞

ダイワメジャー

ハイペースを先行・後続突き放した4戦1勝の10番人気馬

あれは何だったんだ――2004年の皐月賞のレース後、そんな感想を持った競馬ファンが多くいたことだろう。ダイワメジャーの破天荒なレース振りを見て、ただただゲラゲラと笑う者もいたことだろう。むろん、現地で見ていた筆者もその一人だ。

いつになく混戦模様となったこの年の牡馬クラシック路線。その一因となったのが例年なら核となるはずのサンデーサイレンス産駒たち。いつもなら複数の馬で独占している2歳重賞でも勝ち切れず、唯一の勝利となった東京スポーツ杯2歳S勝ち馬のアドマイヤビッグはレース後の骨折で戦線から離脱せざるを得なくなった。その結果、2歳GIの朝日杯FSも出世レースのラジオたんぱ杯2歳Sも超マイナー種牡馬・ザグレブの産駒に良血サンデー産駒軍団が軽くひねられるという異常事態に。3月に入ってからスプリングSで、この世代のサンデー産駒の総大将とも言えるブラックタイドがスプリングSを制してようやく格好がついたが、そのレース振りはまだまだひ弱。鞍上の武豊はブラックタイドの走りを「ギアをもうひとつ隠し持っている」ときさらぎ賞後に評したが、「そのギアってバックギアじゃないの?」と一部ファンからイジられるほど煮え切らないものだった。

4月の中山にしてはうだるような暑さだった皐月賞当日。1番人気に推されたのはラジオたんぱ杯2歳S、弥生賞を制したコスモバルクだった。

道営ホッカイドウ競馬所属のザグレブ産駒と普通に考えたらとてもクラシックで人気にはならないプロフィールだが、いずれのレースも実力で中央のエリートたちをねじ伏せてきただけにそのポテンシャルは本物。地方馬による初のクラシック制覇が現実味を帯び、ハイセイコー、オグリキャップに次ぐ「地方からの成り上がりヒーロー」が誕生するかがこの年の皐月賞の焦点だった。

各馬横並びのスタートから先頭を奪ったのはメイショウボーラー。タイキシャトル産駒だけにマイルまでが精一杯と思われていた同馬は玉砕覚悟の逃げでペースを作りに行き、それに続く形でダイワメジャー、メテオバーストらが並び、コスモバルクはそのすぐ後ろ、そしてブラックタイドは最後方に近いポジションで1コーナーを過ぎていった。メイショウボーラーによるケレン味のない逃げは徐々にペースが上がっていき、1000mの通過タイムは59秒7と過去10年の皐月賞の中でも3番目に速いペース。これだけ速いペースなら前にいる馬たちは全滅、コスモバルクが抜け出したところにブラックタイドらの後方集団が迫る展開になると、1000m通過タイムを聞いた時点では多くのファンがそう思ったことだろう。

ところが、先行しているメイショウボーラーは脚色が衰えるどころか、後続をさらに離して3馬身ものリードを取っており、ダイワメジャーも軽快に流れに乗っている。この状況を見たコスモバルクが3角過ぎくらいからちょっと早めにスパートをかけて追い出し、さらに後ろにいたブラックタイドらはペースが読めていないのか後方にいたまま。4角を過ぎてもまだ15番手という位置取りにとどまっていた。

そして気が付けば直線に。粘るメイショウボーラーを外からダイワメジャーがかわして先頭に立つと、そのまま後続を突き放すという展開。その外から懸命にコスモバルクが追いすがるも残り100mの時点で推定2馬身ほどの差があった。

「それにしても、まさかダイワメジャーとは!」と言わんばかりの声が上がったのもこの時だ。皐月賞後にGIを4つも上乗せして種牡馬としても大成功を収めた彼を知っていれば何ら不思議はないが、当時のダイワメジャーの戦績は4戦1勝という貧弱なもので、しかも唯一の1勝を挙げた舞台はクラシックには到底結びつかないダート1800m。あまりに気性の激しい馬で、新馬戦でのパドックではイレ込んで暴れるどころか地面に座りこむという逸話を残したほど。差し馬同士の決着となったスプリングSで唯一先行して3着に残ったという内容のあるレースをして、鞍上にミルコ・デムーロを迎えたとはいえ当日10番人気の超伏兵がまさか、これだけのハイペースを2番手で追走して押し切るという横綱競馬を見せるとは。誰もが阿鼻叫喚となっている中でダイワメジャーは1着でゴール板を駆け抜けた。勝ち時計の1分58秒6は当時のコースレコードに0・1秒差という好内容で1勝馬によるクラシック制覇は54年ぶり史上6頭目というオマケつき。さらにデムーロは前年のネオユニヴァースに続いて皐月賞連覇を成し遂げた。1馬身1／4遅れた2着にコスモバルクが入り、逃げたメイショウボーラーはそのまま粘って3着。後方から追い込みに賭けたブラックタイドは結局伸びきれずに16着大敗。レース後には屈腱炎を発症して戦線を離脱。復帰後は未勝利に終わり、隠し持っていたはずのギアは最後まで隠したまま競走馬としてのキャリアを閉じることになった。

終わってみれば、「良血のサンデー産駒がクラシックを勝った」という例年通りの結果だったわけだが…その内容はあまりに破天荒で、とても一言では言い表せないほどに濃厚なもの。「あれは何だったんだろう…」と、目の前の結果に理解が追い付かない競馬ファンがレース後に溢れかえったのも無理はないだろう。

後にノド鳴りの憂き目に遭いながらも蘇り、キャリアを通じてGⅠ・5勝を挙げたダイワメジャー。この皐月賞は彼にとって、これから起こる自身の波乱万丈なキャリアの始まりを告げるプロローグだったのかもしれない。

（福嶌弘）

2番手から押し切ったダイワメジャー＆デムーロ。今思えば「ノーマークの最強馬」だ。

重賞勝ちはマイル～2000 mに集中しているが、有馬記念を2年連続3着するなど中山コースとの相性が良かった。半妹のダイワスカーレット（父アグネスタキオン）は有馬記念・桜花賞・秋華賞・エリザベス女王杯とGIを4勝しており、ヴァーミリアン（父エルコンドルパサー、ダートGI・9勝）を筆頭に、近親に重賞ウイナーが10頭もおり“スカーレット一族”と評されている。種牡馬入りしてからもNHKマイルCを制したカレンブラックヒル＆メジャーエンブレム＆アドマイヤマーズ、桜花賞馬レーヌミノルなど6頭のGI馬を輩出。産駒の活躍舞台はスプリント戦かマイル戦と“わかりやすい種牡馬”となった。21年9月12日時点の種牡馬リーディングでも8位につけている。

ダイワメジャー

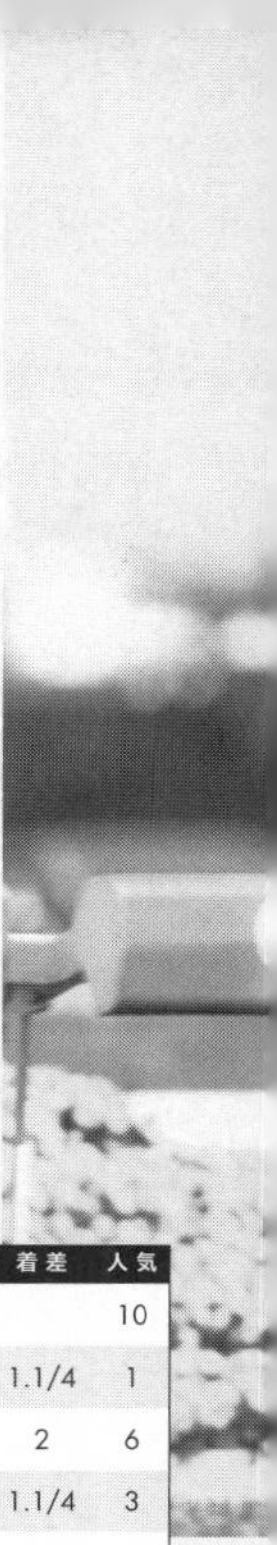

性別 牡

毛色 栗毛

生誕 2001年4月8日〜

父 サンデーサイレンス

母 スカーレットブーケ（母父・ノーザンテースト）

調教師 上原博之（美浦）

生涯成績 9-4-5-10

獲得賞金 10億0223万円

勝ち鞍 皐月賞　天皇賞・秋　マイルCS（2勝）　安田記念　毎日王冠　マイラーズC　ダービー卿CT

第64回皐月賞（GI）
芝右2000m　晴　良　2004年4月18日　11R

着順	枠番	馬番	馬名	性齢	斤量	騎手	タイム	着差	人気
1	7	14	ダイワメジャー	牡3	57	M.デムーロ	1:58.6		10
2	8	18	コスモバルク	牡3	57	五十嵐冬樹	1:58.8	1.1/4	1
3	4	8	メイショウボーラー	牡3	57	福永祐一	1:59.1	2	6
4	2	3	コスモサンビーム	牡3	57	D.バルジュー	1:59.3	1.1/4	3
5	5	9	ミスティックエイジ	牡3	57	池添謙一	1:59.4	3/4	8
6	7	13	メテオバースト	牡3	57	内田博幸	1:59.4	ハナ	13
7	1	1	マイネルマクロス	牡3	57	後藤浩輝	1:59.7	1.3/4	11
8	6	12	マイネルブルック	牡3	57	藤田伸二	1:59.7	クビ	7
9	3	5	フォーカルポイント	牡3	57	横山典弘	1:59.8	クビ	4
10	5	10	アポインテッドデイ	牡3	57	江田照男	1:59.9	1/2	16
11	6	11	グレイトジャーニー	牡3	57	小牧太	1:59.9	ハナ	14
12	7	15	マイネルデュプレ	牡3	57	柴田善臣	1:59.9	クビ	12
13	3	6	キョウワスプレンダ	牡3	57	佐藤哲三	2:00.0	クビ	9
14	8	16	ハーツクライ	牡3	57	安藤勝己	2:00.0	クビ	5
15	1	2	メイショウムネノリ	牡3	57	武幸四郎	2:00.0	ハナ	17
16	4	7	ブラックタイド	牡3	57	武豊	2:00.1	3/4	2
17	8	17	スズカマンボ	牡3	57	蛯名正義	2:00.1	ハナ	15
18	2	4	カリプソパンチ	牡3	57	岩田康誠	2:00.4	1.3/4	18

2004年
天皇賞・春

イングランディーレ

スタミナ×スタミナの配合馬が見せた「アメリカまで走っても」縮まらぬ差

2020年12月、スポーツ紙上で「イングランディーレ死亡」の記事を目にした。同馬は韓国で種牡馬となり数多くの産駒を輩出。韓国のダービー馬も輩出していたそうだ。

17年前の天皇賞・春で大逃げを打ったイングランディーレ、そのスタミナはすごかった。通常、大逃げとは末脚が衰えるものだが、「どこまで走っても縮まらない」ほどの驚異的末脚をみせてくれた。ゼンノロブロイにつけた差は7馬身。同馬は秋に天皇賞、ジャパンC、有馬記念の古馬GⅠを3連勝する馬である。

すべてが上手くいった…おそらく横山典弘はこう感じたのではあるまいか。ゴール後、その表情は「してやったり」と感じられた。

スタートからハナを奪ったイングランディーレは、1周目のスタンド前を過ぎると次第にペースを上げていった。向正面では後続に20馬身ほどの差をつけている。ラップタイムは前半1000m通過61秒9、2000m通過125秒0。数字でみると決して速くはない。後続の騎手が「いずれ潰れる」と追いかけなかった。どの馬も鈴をつけにいかなかったのだ。*

展開も絶妙だった。イングランディーレをマークしたアマノブレイブリーは「ポツリ2番手」。さらに7番手ぐらいまで、1頭ずつ距離ができはじめた。*

こうなると、後続の有力馬に騎乗する騎手は動きにくい。早めに動くとスタミナをロスして末脚が鈍るからだ。

1番人気リンカーン騎乗の武豊、2番人気ネオユニヴァースのデムーロ、3番人気ザッツザプレンティの安藤勝己。名だたるジョッキーもなすすべがなかった。

上手くいくときは何もかも上手くいく。そう感じるレースだった。

デビュー4戦目のダート1200m戦で初勝利を挙げたイングランディーレは、ダート戦を使い続けてキャリア11戦目に青葉賞を選択した。最後方からレースを進めて13着、勝ち馬シンボリクリスエスから遅れること約2秒。その後もダート戦を使い続けた。3勝目を挙げるまでに費やしたキャリアは16戦、騎乗した騎手は実に10人。成績だけみれば「このあたりが天井（能力の限界）」と感じるパターンである。

しかし、3勝目を挙げた小林淳一（現競馬学校教官、小林凌大騎手の父）とは手が合った。テン乗りでダート1800mを勝つと、次走のステイヤーズSを4着と善戦。3番手を進んで勝ち馬ホットシークレット（2番手）と同じ上がりタイムをマーク。そしてダイヤモンドSでは*

＊鈴をつける　逃げ馬に競りかけてペースを崩すこと
＊ポツリ2番手　逃げ馬から離れ、後続とも離れた状態で2番手を進むこと
＊テン乗り　その馬に騎手が初めて騎乗すること

逃げ切りで重賞初制覇。準オープンの身ながら鞍上に重賞2勝目をプレゼント。勢いに乗ったコンビは続く日経賞も制して春の天皇賞に駒を進めた（9着）。

3カ月の休養を挟んでブリーダーズゴールドCと白山大賞典の地方交流重賞を連覇。同年冬のステイヤーズSで2番人気に支持されたが4着。出走のたびに騎手が替わり、芝ダート兼用で使われる。

いつしか同馬は重賞レースの名脇役になっていた。

そして、15人目の騎乗者である横山典弘に手綱が回ってきた。負けて元々、の立場でもあり、名手は「馬と話をしながら、道中は歌っていた」と語っている。

同馬の豊富なスタミナは血統配合の賜物である。父ホワイトマズルは菊花賞馬アサクサキングスやオークス馬スマイルトゥモローを輩出しており、産駒の勝ち鞍は総じて長めだった。これに加えて母父はGⅠ・3勝の〝スーパーステイヤー〟ライスシャワーを筆頭に数多くの長距離馬を世に出したリアルシャダイ。

スタミナ×スタミナの配合は、史上最大の大逃げの大要因でもあった。

それにしても、この大逃げは個人的に痛快だった。1番人気リンカーン、2番人気ネオユニヴァース、4番人気ゼンノロブロイと上位人気はサンデーサイレンス産駒。3番人気ザッツザプレンティ、5番人気シルクフェイマス、7番人気ファストタテヤマはサンデーの孫。

上位人気を占めるサンデー系をまとめて打ち破った。生産界がターゲットにしなくなった長距離戦で、非主流血統馬が持てる力を十分すぎるほど発揮、人気どころをまとめて負かしてくれたのだ。

わずか1375万円の馬が1億円前後の高額馬を封じ込める姿に、拍手を送ったファンも少なくなかった気がする。

その後は持てるスタミナを発揮するべく芝4000mのアスコットGC（イギリス）に挑戦して9着、旭川のブリーダーズGC2着。その後左前浅屈腱炎に見舞われ、1年後、6歳になって復帰するもステイヤーズS10着、みなみ北海道S3着、ブリーダーズGC6着で競走生活を終えた。通算34戦8勝。

引退後、韓国に渡ったイングランディーレは12年コリアンダービーを制したチグミスンガンを輩出。同馬も引退後は韓国で種牡馬となっている。

「イングランディーレの血を引く馬が日本で出走」という夢想をしてみた。「父系には春の天皇賞を逃げ切り勝ちしたイングランディーレがいます」とアナウンスされるだろう。そんなシーンをみてみたい。

（小川隆行）

“長距離の逃げ馬”といえばこのレース。してやったり、と喜びを表す横山典。

母父にリアルシャダイをもつ馬としてはサンライズバッカス（父ヘネシー、フェブラリーS優勝）に次ぐ獲得賞金を手にした。これはマイルCSを勝ったトウカイポイント（父トウカイテイオー）より上である。12頭の兄弟のうち、父ホワイトマズル＝全兄弟はイングランディーレのほかに3頭。スズノオオゴンは準オープンに昇格、グラミスキャッスルは1勝を挙げ、クイーンモモコは未出走。父キャロルハウスのバーニングブラッドと、父ジェイドロバリーのクリアースカイはそれぞれ4勝を挙げている。またホワイトマズル産駒の賞金ランキングでイングランディーレは3位（1位ニホンピロアワーズ、2位アサクサキングス）である。

イングランディーレ

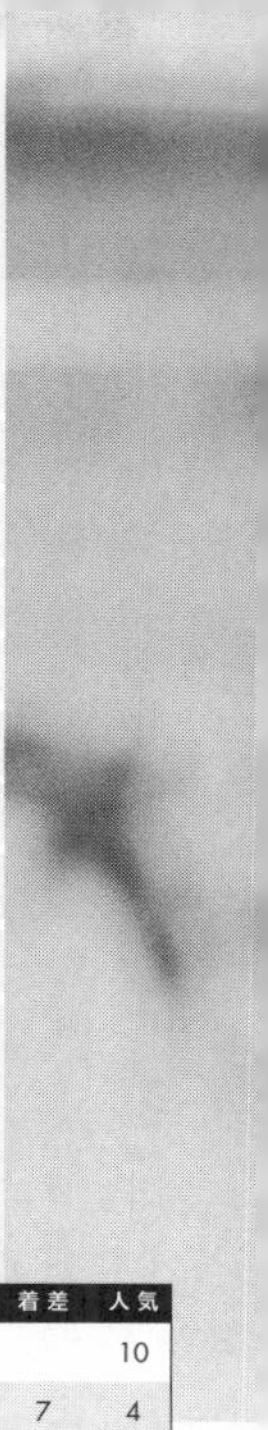

性別　牡

毛色　鹿毛

生誕　1999年5月21日

死没　2020年12月12日

父　ホワイトマズル

母　マリリンモモコ（母父・リアルシャダイ）

調教師　清水美波（美浦）

生涯成績　8-3-2-21

獲得賞金　4億700万円

勝ち鞍　天皇賞・春　日経賞　ダイヤモンドS　白山大賞典
ブリーダーズGC

第129回天皇賞・春（GI）
芝右　外3200m　曇　良　2004年5月2日　11R

着順	枠番	馬番	馬名	性齢	斤量	騎手	タイム	着差	人気
1	3	6	イングランディーレ	牡5	58	横山典弘	3:18.4		10
2	8	16	ゼンノロブロイ	牡4	58	D.オリヴァー	3:19.5	7	4
3	4	8	シルクフェイマス	牡5	58	四位洋文	3:19.8	1.3/4	5
4	5	9	チャクラ	牡4	58	後藤浩輝	3:19.9	1/2	9
5	1	2	ナリタセンチュリー	牡5	58	吉田稔	3:20.1	1.1/4	13
6	8	18	アマノブレイブリー	牡4	58	小牧太	3:20.1	クビ	17
7	2	3	ダービーレグノ	牡6	58	幸英明	3:20.2	クビ	15
8	3	5	サンライズジェガー	牡6	58	福永祐一	3:20.2	ハナ	8
9	7	15	カンファーベスト	牡5	58	藤田伸二	3:20.3	1/2	11
10	6	11	ネオユニヴァース	牡4	58	M.デムーロ	3:20.3	ハナ	2
11	5	10	ファストタテヤマ	牡5	58	安田康彦	3:20.3	ハナ	7
12	8	17	ヴィータローザ	牡4	58	岩田康誠	3:20.5	1.1/4	14
13	7	14	リンカーン	牡4	58	武豊	3:20.6	1/2	1
14	4	7	ウインジェネラーレ	牡4	58	蛯名正義	3:20.6	ハナ	6
15	7	13	ナムラサンクス	牡5	58	渡辺薫彦	3:20.6	クビ	12
16	1	1	ザッツザプレンティ	牡4	58	安藤勝己	3:20.8	1	3
17	2	4	ウインブレイズ	牡7	58	木幡初広	03:20.9	1/2	16
18	6	12	マーブルチーフ	牡4	58	池添謙一	3:21.1	1.1/4	18

2004年
オークス

ダイワエルシエーロ

妊娠中の母を目にした3年後
GI馬に輝いた胎内の仔

ミレニアムに沸いた2000年の夏。トラックマン生活3年目を迎えた私は、前年に続いて2カ月間の札幌出張に赴いた。右も左もわからなかった前の年と違い、心に余裕ができたこの年は、「絶対に観光する!」と自分に誓い、ふるさとの札幌で金融機関に就職した友人のツテで日高地方の牧場を見学させてもらうことに。そのなかのひとつが下河辺牧場だった。

下河辺牧場といえば、86年のNHK杯を勝ったラグビーボールや、ダート創成期を盛り上げたナリタハヤブサなど幾多の活躍馬を輩出した名門で、98年の牝馬クラシック戦線を賑わせ、桜花賞で2着だったロンドンブリッジも牧場を代表する生産馬。現役を引退し、繁殖牝馬として故郷に戻っていたロンドンブリッジを見せてもらう機会に恵まれ、「今、お腹の中にサンデーサイレンスの仔がいます」と牧場の方が教えてくれた。

それから3年後の12月。有馬記念で盛り上がる03年最終日の出馬表をチェックしていると、阪神の5Rにロンドンブリッジ産駒がエントリーしていた。その名はダイワエルシエーロ。

「あ〜、あの時にお腹の中にいた馬だ！」と心の中で叫ぶと同時に、胸が熱くなったのを覚えている。

シンボリクリスエスが9馬身差の圧勝で有終の美を飾る有馬記念の3時間半前。ダイワエルシエーロは現役生活をスタートさせるが、スピードの違いを見せつけ、単勝1・9倍の期待に応えて楽勝する。年明け初戦となった紅梅Sは、のちにGIを3勝するスイープトウショウに先着を許すが、次走のクイーンCでは長距離輸送を克服し、それまでとは真逆の追い込む競馬で重賞初制覇。そして、母の雪辱を果たすべく桜花賞へ向かうのだが、18番枠でレース前半に力んでしまい、初めて馬券圏内をはずす7着に敗退してしまう。

こうなると、問題はその後の進路ということになる。距離の壁に跳ね返されオークスで大敗（10着）したロンドンブリッジの仔となれば、NHKマイルCを選択しても不思議ではなかったが、陣営は2400mオークスへの出走を決断する。ダイワエルシエーロは単勝21・4倍の6番人気。桜花賞（5番人気）からさらに評価を下げてレースを迎えることになった。

ゲートが開いて飛び出したのは12番のウイングレットと田中勝春騎手。13番ダイワエルシエーロの福永祐一騎手は桜花賞の反省を生かし、二の脚がついたパートナーを無理に押さえることはせず2番手に付ける。隊列が落ち着くと2コーナーで田中騎手はペースを落としにかかるが、福永騎手はこれに付き合わず、向正面に入ると先頭に立ち、17人のジョッキーを幻惑。3番手のアズマサンダースとほどよい距離が取れるとそこで息を入れ、残り1000mから12秒5－12秒1と少しずつペースアップを開始。そして残り600m地点から11秒2－11秒4と一気にギアを上げて後続を突き放すと、最後の1ハロン（200m）はさすがに失速して12秒4を要したが、この緩急に対応できなかった他の馬たちはダイワエルシエーロの影さえも踏めず、ただ1頭だけ追い込んできたスイープトウショウが3／4馬身に迫ったところでゴール。

不可能と思われた距離の高い壁を乗り越え、母の無念をも晴らした瞬間、あの夏の日のことが頭の中を駆け巡った。

実は、冒頭の牧場見学には現在の妻が同行していた。当時は友人の彼女だったが、紆余曲折を経て（略奪ではない）私と付き合うようになり…。仕事があったのでオークスは別々に観戦したが、ひとりで見ていた妻は競馬場で、「エルシエーロ〜！」と絶叫したとか。「こんなことってあるんだね！　あの時、ロンドンブリッジのお腹にいた仔がオークス勝ったんだよ！　思わず涙が出ちゃった」と興奮ぎみに話したことを、ダイワエルシエーロに触れるたび思い出す。我々夫婦にはとっては特別な馬なのである。

ダイワエルシエーロはその後、不振に陥った期間があり川崎記念に出走したりもしたが、GⅢを2勝して引退する。しかし、繁殖入り後は仔出しが悪く、産駒は体質の弱い馬が多い。

現在20歳という年齢もあり、これから誕生する子どもも多くはないと思うが、普段から懇意にしてもらっている斎藤誠厩舎にそのうちの1頭のハルワタートが在籍している。仲の良い調教助手から、「ロードカナロアの仔が来ました。お母さんはダイワエルシエーロです」と聞かされたときは、「マジ！」と興奮してハナマエ（馬房の前）に飛んで行ったが、この馬も脚元に弱さを抱えていて、デビューは3歳の4月とかなり遅かった。

しかし、厩舎では大人しく、私が撫でても嫌な顔をしないし、乗った人はみんなが口を揃えてその乗り味と動きの良さを高く評価する。そんな話を聞くと、うれしくもあり、「脚元が丈夫だったら…」と少し寂しくもなるのだが、いずれはハルワタートもその血を伝えるために母となる日が来るだろう。そうなると、生まれてくる仔はダイワエルシエーロの孫になる。こういう事実に直面すると、競馬のサイクルの速さ、そして時の流れの早さを痛感するのだが、これが競馬の醍醐味でもある。最近は、血統表の祖母や3代母の欄にレースをリアルタイムで見た馬の名前を目にすることも多いのだが、その瞬間がたまらなく楽しい。

ロンドンブリッジに始まり、ダイワエルシエーロ、ハルワタート、そしてその産駒。4代も続いて競馬場でレースを見る母系はこれが初めてかもしれない。継続は〝競馬を楽しむ〟力なり。年齢を重ねて感じる競馬観や感性の変化を愉しむのもいいだろう。

長く続けてこそ。ダイワエルシエーロはそれに気づかせてくれた存在である。（久保木正則）

後のGI3勝馬スイープトウショウの追撃を封じた福永＆ダイワエルシエーロ。

オークスを勝ったものの、秋初戦のローズSを7着に敗れると秋華賞をパス、中距離路線に狙いを定め京阪杯を逃げ切り勝ち。2着は後の天皇賞馬カンパニーだった。母としては初仔のダイワエルモーサ（父ブライアンズタイム、6戦未勝利）、2番仔シュペール（父ジャングルポケット、不出走）と2頭ともJRAで勝利を挙げられなかったが、3番仔カーサデルシエロ（21戦2勝）、4番仔ハルワタート（15戦2勝、現役）とロードカナロア産駒は2勝ずつを挙げた。5番仔ロンズデールベルト（父ロードカナロア、2戦未勝利）は登録を抹消されている。デビュー前の6番仔（父ロードカナロア）、7番仔（父レイデオロ）が母の素質を受け継いでいることを望みたい。

ダイワエルシエーロ

性別 牝

毛色 鹿毛

生誕 2001年5月11日〜

父 サンデーサイレンス

母 ロンドンブリッジ（母父・ドクターデヴィアス）

調教師 松田国英（栗東）

生涯成績 5-1-1-6

獲得賞金 2億8175万円

勝ち鞍 オークス　クイーンC　京阪杯　マーメイドS

第65回優駿牝馬（GI）
芝左2400m　曇　稍重　2004年5月23日　11R

着順	枠番	馬番	馬名	性齢	斤量	騎手	タイム	着差	人気
1	7	13	ダイワエルシエーロ	牝3	55	福永祐一	2:27.2		6
2	1	1	スイープトウショウ	牝3	55	池添謙一	2:27.3	3/4	4
3	3	6	ヤマニンアラバスタ	牝3	55	江田照男	2:27.8	3	7
4	3	5	ダンスインザムード	牝3	55	武豊	2:27.8	ハナ	1
5	4	7	ヤマニンシュクル	牝3	55	四位洋文	2:28.1	1.3/4	2
6	7	14	マルカフローリアン	牝3	55	吉田豊	2:28.1	ハナ	17
7	6	12	ウイングレット	牝3	55	田中勝春	2:28.4	1.3/4	12
8	4	8	アズマサンダース	牝3	55	蛯名正義	2:28.4	クビ	3
9	2	4	ドルチェリモーネ	牝3	55	安藤勝己	2:28.6	1	10
10	8	17	レディインブラック	牝3	55	北村宏司	2:28.8	1.1/2	11
11	7	15	レイナシンフォニー	牝3	55	石橋守	2:28.9	クビ	14
12	5	9	ギミーシェルター	牝3	55	柴田善臣	2:29.0	3/4	8
13	6	11	メイショウオスカル	牝3	55	後藤浩輝	2:29.1	3/4	9
14	8	16	グローリアスデイズ	牝3	55	岡部幸雄	2:29.2	クビ	5
15	2	3	ラグレスロマニー	牝3	55	小野次郎	2:29.2	クビ	15
16	1	2	セカンドノホシ	牝3	55	梶晃啓	2:29.3	クビ	13
17	5	10	フレンチアイディア	牝3	55	勝浦正樹	2:29.7	2.1/2	16
18	8	18	シルキーフレンド	牝3	55	菊沢隆徳	2:29.9	1.1/4	18

2004年
マイルCS

デュランダル

定位置は最後方、信念は大外一気
蹄の弱さに苦しんだ名刀

「もし〜だったら…」

「もし〜であれば…」

私は競馬において、こうした「タラレバ」は禁句であると同時に枕詞でもあると思っている。長い歴史やそれぞれの物語があるからこそ、私たちは時折、それが不毛なことだと理解しながら…実際には目にすることができなかった世界線に思いを馳せるのである。

「もし歴代のスプリンターたちが一堂に会してレースをしたら、どの馬が一番強いだろうか」

そんな問いがあったとすれば、競馬ファンの多くはサクラバクシンオーやロードカナロア、タイキシャトルといった時代を彩った王者たちの名前をあげることだろう。その一方で、彼ら以外の名前をあげるファンもいるに違いない。私はというと、おそらく間髪いれずに「デュランダル」と答える。私にとっての「最強スプリンター」はこれまでも、そしてこれからもデュランダルただ一頭であるからだ。

フランスの叙事詩『ローランの歌』に登場する名刀から取って名付けられたデュランダルは、その名に恥じぬ切れ味で快速馬たちを切り裂いていく異質なスプリンターだった。

「この馬は後ろからいって、外を回した方が走る」

武豊の進言によってスタンスが確立されたデュランダルは、決して逃げ切りの少なくない短距離路線に身を置きながら極端な後方一気をその信条として2003年にスプリンターズSとマイルCSを連勝し、一気にスターダムへと駆け上がった。

生まれつき蹄が丈夫でなかった彼は、翌年の高松宮記念、スプリンターズSにそれぞれぶっつけで挑むことになるなど順調さを欠いたが、それでも我が道を貫く後方一気で連続2着を記録するなど、負けてなおその実力を証明した。

そしてその年ようやく順調に競馬に使えることとなったマイルCSで、研ぎ澄まされた名刀が1年ぶりに鞘から抜かれ、その刃を光らせる。

勝手知ったる京都競馬場の4コーナー。例の如く、道中は最後方に位置していたデュランダルを鞍上の池添謙一が何の迷いもなく馬群の大外、彼のポジションに導いた。馬群がバラけ、緑面のターフに色鮮やかな勝負服が横並びになる。内回りと外回りの合流地点をちょうど過ぎたあたりで池添が悠然とステッキを抜いた。各馬の動向やレースラップなど、そんなものは意に介さない。大外を回し、馬場のまん真ん中をただ猛然と追い込む。

――届くか、否か。

彼らにとっての「競馬」とは、たった一つのその信念を貫くことだった。

「自分の競馬をすれば、絶対に届く」

そんな確信ともとれる余裕たっぷりの追い出しには、相棒への厚い信頼が垣間見える。デュランダルが信頼に応えるように加速する。出走馬の中でただ1頭、ラスト600mを33秒台の末脚でまとめ上げて先行勢をあっさり捉えると、2着に2馬身の差をつけてゴール板を駆け抜けた。

「名刀の切れ味は今年も衰えていません！」

馬場鉄志アナウンサーの声が響き、池添が雄叫びをあげて派手なガッツポーズを決める。前年によく似た光景がデジャヴのように京都競馬場に広がった。

出走馬の中で一番小柄であるはずのデュランダルの姿が、この時ばかりは一番大きく見えた。外から全てを切り裂いた名刀の切れ味は、ある種の恐怖にも似た独特な空気感をまとってレースを支配し、同レース史上4頭目の連覇を果たした。

デュランダルはそれから蹄の怪我と病気に苦しみ、引退までの1年間でわずか3レースを走ったのみで勝利を挙げることはできなかった。

しかし彼は最後まで自らの信念を貫いた。史上初の同一GI三連覇をかけて出走した翌年のマイルCSでも8着に敗れはしたが、いつも通り自らの競馬に徹して上がり最速をマーク。脚元がもう少し丈夫で順調にレースを使えていたのなら、もっとタイトルを積み重ねていたに違いない。それでも世代交代の激しい短距離界に身を置きながら約3年にもわたり、トップクラスに君臨し続けた姿は、間違いなく歴史に名を残す偉大なスプリンターだった。

彼のオーナーであり、社台ファームの代表でもある吉田照哉氏は後年、デュランダルについて「回ってくれば摑まっているだけで勝てた」と、その強さに最大級の賛辞を送る。

前述したようにデュランダルのその名は、叙事詩『ローランの歌』に登場する伝説の名刀に由来するのだが、それにはこのような一節があるという。

「切れ味の鋭さ、デュランダルに如《し》くもの無し」

逃げ込みを図るサクラバクシンオーも、それを目掛けて脚をくり出すロードカナロアも、世界の実力を見せるタイキシャトルも、それ以外の馬たちもきっとデュランダルが大外から差し切ってくれると、彼の豪脚に切れないものなどないと、私はそう信じて疑わない。

私の思い描く世界には「馬群の一番外にデュランダルが行っている!」という叫び声とともに、最後の直線で大外を回るデュランダルの姿がいつまでもはっきりと見えている。

(秀間翔哉)

マイルＣＳ連覇達成の瞬間、喜びを表す鞍上・池添謙一。

裂蹄や蹄葉炎に悩まされて順調さを欠き、前哨戦に間に合わず本番に直行することが多かったデュランダル。初めてGIを制した03年のスプリンターズSから引退レースとなった05年のマイルCSまでの間はGI競走にしか出走しておらず、その数は連続8回にも及ぶ。これはアーモンドアイやオグリキャップ、キタサンブラックなどGI競走が豊富な中長距離路線を歩んだ馬たちに混ざって歴代4位タイに入る記録であり、デュランダルのその異質さをよく表している記録と言えるだろう。

デュランダル

性別 牡

毛色 栗毛

生誕 1999年5月25日

死没 2013年7月7日

父 サンデーサイレンス

母 サワヤカプリンセス（母父・ノーザンテースト）

調教師 坂口正大（栗東）

生涯成績 8-4-1-5

獲得賞金 5億323万円

勝ち鞍 マイルCS（2勝） スプリンターズS

第21回マイルチャンピオンS（GI）
芝右 外1600m 晴 良 2004年11月21日 11R

着順	枠番	馬番	馬名	性齢	斤量	騎手	タイム	着差	人気
1	4	7	デュランダル	牡5	57	池添謙一	1:33.0		1
2	8	15	ダンスインザムード	牝3	54	C.ルメール	1:33.3	2	4
3	4	8	テレグノシス	牡5	57	横山典弘	1:33.5	1.1/4	5
4	2	4	マイネルソロモン	牡4	57	小牧太	1:33.6	3/4	9
5	5	10	プリサイスマシーン	牡5	57	藤田伸二	1:33.7	1/2	12
6	6	12	アドマイヤマックス	牡5	57	武幸四郎	1:33.7	クビ	6
7	6	11	メイショウボーラー	牡3	56	福永祐一	1:33.9	1	7
8	5	9	バランスオブゲーム	牡5	57	田中勝春	1:34.0	1/2	8
9	3	5	ファインモーション	牝5	55	武豊	1:34.1	1/2	2
10	7	13	マイネルモルゲン	牡4	57	後藤浩輝	1:34.1	ハナ	13
11	1	2	フォルクローレ	牝5	55	佐藤哲三	1:34.1	アタマ	14
12	8	16	ロードフラッグ	セ7	57	松永幹夫	1:34.3	1.1/4	16
13	3	6	マイソールサウンド	牡5	57	本田優	1:34.4	1/2	11
14	2	3	ラクティ	牡5	57	P.ロビンソン	1:34.8	2.1/2	3
15	1	1	ギャラントアロー	牡4	57	幸英明	1:34.9	1/2	10
16	7	14	ナイトフライヤー	牡5	57	柴原央明	1:35.0	3/4	15

特別編 インターナショナルS

ゼンノロブロイ

古馬GI三冠達成！ 父とともに応援した海外挑戦

成瀬 琴（桜花のキセキ）

競馬ファンなら誰もが知る名馬ゼンノロブロイ。馬名の由来は冠名＋スコットランドに実在した英雄の名前。英雄を辞書で引くと「才知・武勇・胆力にすぐれ、普通の人にはできないような大事業を成し遂げる人。ヒーロー」と出てきますが、まさに私にとってのヒーロー、それがゼンノロブロイです。

私は現在、馬事文化応援アイドル「桜花のキセキ」のメンバーとして活動しています。父がＪＲＡの元騎手、現調教師をしているため生まれた時から馬に囲まれて育ちました。馬は可愛い生き物と捉えていましたが、ゼンノロブロイに出会って「競走馬はかっこいい」と私の中の感覚は一変します。

そんなヒーローの登場は２００３年、周りの馬より一足遅い3歳の2月になりました。４戦目で青葉賞を勝利すると日本ダービーへ出走。終始2番手につけながらレースは進みましたが、ネオユニヴァースにかわされ2着となりました。その後も菊花賞4着、有馬記念3着、天皇賞・春2着と惜しい競馬が続きましたが、秋の天皇賞からゼンノロブロイの快進撃は始まりました。最後の直線で馬群の中からじわじわと追い上げていき、ダンスインザムード、アドマイヤグルーヴの牝馬を打ち倒す姿はその後の大偉業を匂わせるものでした。

続くジャパンCでも後続を突き放す圧倒的な強さを見せGI連勝を飾り、有馬記念では逃げるタップダンスシチーを追いかけ、最後中山の坂を豪快に駆け上がって差し切り勝ち！ 2分29秒5のレコードタイムでの優勝でした。この記録は未だに破られていません。テイエムオペラオーに続く史上2頭目となる秋の古馬三冠という大偉業を達成したゼンノロブロイはサンデーサイレンス産駒として初となるJRA賞年度代表馬に輝きました。

年が明けて2005年、ゼンノロブロイは宝塚記念を叩き台にしてイギリスのGIレースであるインターナショナルSへ向かうことが決定しました。当時、私の父はゼンノロブロイの調教担当だったためイギリス遠征に行くことに。すでにゼンノロブロイの虜になっていた私は「ロブロイの強さを世界に見せる瞬間には絶対に自分も立ち会いたい！」と父に同行することを希望。その結果、家族みんなでイギリスに向かうことになりました。

滞在したニューマーケットには多くの厩舎や調教場、馬にまつわるカフェや馬具屋、国立競馬博物館、そして競馬場があるという〝競馬の故郷〟とも呼ばれる馬三昧な町。横断歩道を調教終わりの競走馬たちが歩いていることが日常茶飯事でした。

そんなニューマーケットで強く印象に残っているのはゼンノロブロイの調教コースを父と散歩したこと。どこまでも続くんじゃないかなと思った長いコースを実際に歩いてみて、改めてたくさんの人の思いを背負って走るゼンノロブロイの存在が偉大なことを確信しました。

8月16日、武豊騎手と初のコンビを組み世界のレースへ挑みます。

日本の競馬場と違った雰囲気のヨーク競馬場。レース前に見たゼンノロブロイの姿は今も鮮明に覚えています。黒鹿毛のツヤツヤな馬体に落ち着いた眼差し、日本からやってきたヒーローがイギリスの競馬場で堂々と歩く姿はきっと今後もずっと忘れないと思います。

斤量59・5キロを背負い、2番人気で迎えたレースはスローペースの中を後方につけながらレースは進み、ラストは約1000mもある長い直線に向かいます。最後の200mでは5頭が真横に並び叩き合う大接戦に。ゼンノロブロイは最後の末脚を振り絞って一旦は先頭に立ちました。誰もが「勝った！」と思いましたが最後に大外からマイケル・キネーン騎手が騎乗したエレクトロキューショニストにかわされて結果は2着となりました。

でも本当にかっこよかったんです。陳腐な表現しか出てきませんがゼンノロブロイが私にとって一番かっこよかったのです。最後5頭が真横に並んだところから一歩一歩力強く進んで1頭ずつ追い越していく姿はまるで「僕がやらないと、僕がみせないと」と自分の背負っているものの大きさを分かりながら走っているかのように思えて思わず涙が溢れました。

そしてゼンノロブロイは年内で引退発表、種牡馬入りを表明。ラストレースとなったのは2005年の有馬記念でした。1番人気は初対決となる無敗の三冠馬ディープインパクト。ゼンノロブロイは2番人気に支持されましたが、結果は8着と競走馬人生で初の掲示板外。ディープインパクトをはじめとする後輩たちに世界への夢、今後の競馬界をまるで託したかのようなラストランでした。最後までかっこよくターフを去っていったゼンノロブロイは私にとってまさにヒーローです。ゼンノロブロイという大きな大きな船に自分も乗っかってたくさんの夢を見せてくれたこと、レースを見てかっこいいと思わせてくれたこと、そしてなにより競馬を好きにならせてくれたことに感謝の気持ちです。

ゼンノロブロイの足跡を辿ってみると全てが最初から上手くいっている華々しい王道のヒーローではなく、むしろ惜しい競馬が続く時期があったりデビューが遅れたりと、紆余曲折あったことがわかります。それでも泥臭く必死に最後まで走る姿に胸打たれる人は多いのではないでしょうか。私もきっとその中の1人です。

そんな私はゼンノロブロイをきっかけに競馬が好きになり、当時は幼い小学生でしたが、現在大人になって馬事文化応援アイドルという馬に関わるお仕事をさせてもらえています。

そんな奇跡も起こしてくれたゼンノロブロイにはとにかく健康に幸せな馬生を過ごしてくれることを影ながらお祈りしております。

直線でエレクトロキューショニストに急襲され、惜しくもクビ差の2着。

全弟も含め兄弟4頭はいずれも未勝利に終わった中、1頭だけ別馬だったゼンノロブロイ。その産駒はJRA重賞を21勝している。GIは史上唯一の同着優勝となった2010年オークスのサンテミリオン（同着馬はアパパネ）のみだが、青葉賞を勝ち秋の天皇賞を2着したペルーサやアルゼンチン共和国杯と京都記念のGII2勝馬トレイルブレイザー、フラワーC・中山牝馬S・愛知杯と牝馬GIII3勝のバウンスシャッセなど16頭のJRA重賞ウイナーを輩出。母の父としてもエルムSを勝ったハイランドピークを出している。

ゼンノロブロイ

性別	牡
毛色	黒鹿毛
生誕	2000年3月27日～
父	サンデーサイレンス
母	ローミンレイチェル（母父・マイニング）
調教師	藤澤和雄（美浦）
生涯成績	7-6-4-3
獲得賞金	11億1560万円
勝ち鞍	天皇賞・秋　ジャパンC　有馬記念 青葉賞　神戸新聞杯

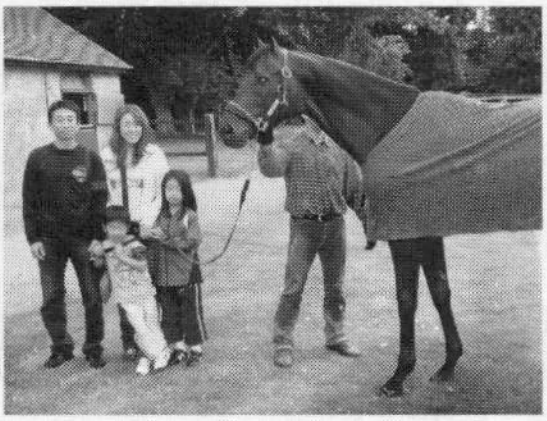

父の鹿戸雄一調教師（当時騎手としてゼンノロブロイの調教を担当）ら家族と一緒にゼンノロブロイとパチリ。

インターナショナルS（GI）
芝左2080m　晴　良　2005年8月16日

着順	枠番	馬番	馬名	性齢	斤量	騎手	タイム	着差	人気
1		3	*ELECTROCUTIONIST	牡4	59.5	M.キネーン	2.07.4		
2		6	ゼンノロブロイ	牡5	59.5	武豊	–	クビ	
3		4	MARAAHEL	牡4	59.5	R.ヒルズ	–	アタマ	
4		1	ACE	牡4	59.5	K.ファロン	–	1/2	
5		5	NORSE DANCER	牡5	59.5	D.イーガン	–	3	
6		2	DOYEN	牡5	59.5	K.マカヴォイ	–	9	
7		7	NEW MORNING	牝4	58	P.ロビンソン	–	6	

＊エレクトロキューショニスト　イタリアとイギリス、UAEなどで競走成績12戦8勝。ドバイWCやミラノ大賞などGIを3勝

外国産馬隆盛の時代
日本競馬を盛り上げた「マル外」

日本の競馬において、外国産馬が隆盛を極めたのは90年代前半。怒濤の追い込みで重賞6連勝を果たしたヒシアマゾンが注目を集め、短距離王者タイキシャトル、GI・4勝馬グラスワンダー、凱旋門賞2着馬エルコンドルパサーらの登場で「マル外全盛時代」となった。

00年前半になると芝ダート両GI制覇のアグネスデジタルとクロフネ、そして3歳馬ながら天皇賞・秋を制したシンボリクリスエス、無敗のGI牝馬ファインモーション、シルバーコレクターのメイショウドトウらが活躍。「サンデーに対抗する存在」として存在感を高めていった。

しかし、サンデーサイレンス産駒＝内国産馬が次々に重賞ウイナーを送り出し、ディープインパクトが種牡馬として大成功を収めると、その勢いは急速にしぼんでいく。地方交流GIではダート馬の活躍も続いているが、ここ3年ほど、JRAの芝GIを制覇する馬は年に1頭いるか否か。19年はミスターメロディ（高松宮記念）、20年はモズスーパーフレア（高松宮記念）、21年はカフェファラオ（フェブラリーS）とシュネルマイスター（NHKマイルC）。外国産馬が再び好走を重ねれば、日本競馬のレベルも上がっていくだろう。

年度別
GⅠ戦線「激闘譜」&データ

2000年のGI競走

20世紀最後の年となるミレニアムに登場した〝世紀末覇王〟が、日本競馬の中・長距離界を席巻。年間8戦全勝、GI5連勝の偉業を成し遂げ、一強体制を完全に確立。

構成／齋藤翔人

競走名／開催日	優勝馬／騎手・調教師	短評
フェブラリーS 2月20日　東京　ダート1600m	ウイングアロー O・ペリエ　工藤嘉見（栗東）	98年の最優秀ダートホースが復活。ペリエ騎手は、来日7年目でJRAGI初制覇。次週に定年となる工藤師の花道を飾った。
高松宮記念 3月26日　中京　芝1200m	キングヘイロー 柴田善臣　坂口正大（栗東）	98年、牡馬クラシック三強の一角。無冠の大器GI初制覇の舞台は、1200mだった。レース後の坂口調教師の涙が印象的。
桜花賞 4月9日　阪神　芝1600m	チアズグレイス 松永幹夫　山内研二（栗東）	世代最初の芝の新馬戦勝ち馬が、チューリップ賞10着から巻き返し。サンデーサイレンス産駒は、6世代でクラシック完全制覇。
皐月賞 4月16日　中山　芝2000m	エアシャカール 武豊　森秀行（栗東）	無冠に終わった、半姉エアデジャヴーの無念を晴らすクラシック制覇。ラガーレグルスは、ゲート内で立ち上がり落馬、競走中止。
天皇賞・春 4月30日　京都　芝3200m	テイエムオペラオー 和田竜二　岩元市三（栗東）	同期のライバル2頭に競り勝つ。年明けから重賞3連勝で、皐月賞以来1年ぶりのGI2勝目。古馬最強の座を確固たるものに。
NHKマイルカップ 5月7日　東京　芝1600m	イーグルカフェ 岡部幸雄　小島太（美浦）	重賞勝ち実績のある東京で巻き返し差し切り勝ち。開業4年目の小島太調教師はGI初制覇。レース創設以来、外国産馬が5連覇。

優駿牝馬（オークス）
5月21日　東京　芝2400m
シルクプリマドンナ
藤田伸二　山内研二（栗東）
桜花賞3着馬が人気に応え、クラシックの大舞台で芝のレース初勝利。2着チアズグレイスで、山内調教師の管理馬によるワンツー。

東京優駿（日本ダービー）
5月28日　東京　芝2400m
アグネスフライト
河内洋　長浜博之（栗東）
弟弟子・武豊騎手との死闘を制した河内騎手が、17回目の挑戦で念願のダービー制覇。母仔3代クラシック勝利の快挙も達成。

安田記念
6月4日　東京　芝1600m
フェアリーキングプローン
R・フラッド　I・アラン（香港）
香港調教馬初のJRAGI勝利。2着ディクタットで、海外調教馬によるワンツー。日本調教馬は、キングヘイローの3着が最高。

宝塚記念
6月25日　阪神　芝2200m
テイエムオペラオー
和田竜二　岩元市三（栗東）
ライバルとなるメイショウドトウとの初対決を制してGI連勝。グラスワンダーは4角で故障し、完走するも6着。最後のレースに。

スプリンターズステークス
10月1日　中山　芝1200m
ダイタクヤマト
江田照男　石坂正（栗東）
16頭立ての16番人気が4角先頭から押しきり。“穴男”江田騎手の面目躍如。父の父ビゼンニシキから、父仔3代GI制覇。

秋華賞
10月15日　京都　芝2000m
ティコティコタック
武幸四郎　松田正弘（栗東）
北海道でメキメキと力を付け、前走900万条件（現・2勝クラス）1着から格上挑戦で勝利。武幸四郎騎手は、GI初制覇。

菊花賞
10月22日　京都　芝3000m
エアシャカール
武豊　森秀行（栗東）
直線、内ラチ沿いに進路を取り、トーホウシデンとのマッチレースを制し二冠達成。ダービーはハナ差2着のため、“準三冠馬”に。

天皇賞・秋
10月29日　東京　芝2000m
テイエムオペラオー
和田竜二　岩元市三（栗東）
重賞6連勝で、史上3頭目の天皇賞・春秋連覇。当レースの1番人気馬の連敗は、12でストップ。2着メイショウドトウ。

エリザベス女王杯
11月12日　京都　芝2200m
ファレノプシス
松永幹夫　浜田光正（栗東）
二冠を達成した秋華賞以来2年ぶりに勝利し、見事に引退の花道を飾る。松永幹夫騎手は、牝馬限定GI5レース中4つを制覇。

マイルチャンピオンシップ
11月19日　京都　芝1600m
アグネスデジタル
的場均　白井寿昭（栗東）
13番人気馬が直線一気の追込み。4歳馬の勝利はレース史上3頭目。的場騎手最後のGI勝利は、やはり京都競馬場が舞台に。

ジャパンカップダート
11月25日　東京　ダート2100m

ウイングアロー
岡部幸雄　南井克巳（栗東）

創設初年度。3馬身半差のレコード勝ちで春秋ダートGIを統一。4歳時に主戦騎手を務めた南井師は、調教師としてのGI初勝利。

ジャパンカップ
11月26日　東京　芝2400m

テイエムオペラオー
和田竜二　岩元市三（栗東）

メイショウドトウ、ファンタスティックライトとのデッドヒートを制す。天皇賞・春からの古馬中・長距離GI4連勝は史上初の偉業。

阪神3歳牝馬ステークス
12月3日　阪神　芝1600m

テイエムオーシャン
本田優　西浦勝一（栗東）

超ハイレベルの札幌3歳S3着から、2カ月半ぶりの休み明けを完勝。本田騎手は、1986年の阪神3歳S以来となるGI2勝目。

朝日杯3歳ステークス
12月10日　中山　芝1600m

メジロベイリー
横山典弘　武邦彦（栗東）

未勝利戦からの連勝で、半兄メジロブライトに続く兄弟GI制覇。メジロ牧場の生産・所有馬による、最後のJRAGI勝ち馬に。

有馬記念
12月24日　中山　芝2500m

テイエムオペラオー
和田竜二　岩元市三（栗東）

道中、他馬からの徹底マークにあうも、直線で馬群をこじ開け勝利。年間8戦全勝、GI5連勝という前人未踏の大記録を達成。

中山グランドジャンプ　4月15日　中山4100m　ゴーカイ　横山義行　郷原洋行（美浦）

中山大障害　12月23日　中山4100m　ランドパワー　金折知則　福島勝（栗東）

JRA賞

年度代表馬・最優秀5歳以上牡馬　**テイエムオペラオー**
最優秀3歳牡馬　**メジロベイリー**
最優秀3歳牝馬　**テイエムオーシャン**
最優秀4歳牡馬　**エアシャカール**
最優秀4歳牝馬　**チアズグレイス**
最優秀5歳以上牝馬　**ファレノプシス**
最優秀短距離馬・最優秀父内国産馬　**ダイタクヤマト**
最優秀ダートホース　**ウイングアロー**
最優秀障害馬　**ゴーカイ**

＊馬齢表記は当時のものによる（以下同）

2001年のGI競走

近年まれに見るハイレベルの3歳馬たちが、秋に古馬混合の中・長距離GIを制し、世代交代を証明。また、外国産馬2頭が、GIで強烈なインパクトを残す勝利を挙げる。

競走名／開催日	優勝馬／騎手・調教師	短評
フェブラリーS 2月18日　東京　ダート1600m	ノボトゥルー O・ペリエ　森秀行(栗東)	準OPから3連勝でGI制覇。通算88戦、12歳まで現役を続けた〝無事是名馬〟。当レースには計6度出走。ペリエ騎手は連覇。
高松宮記念 3月25日　中京　芝1200m	トロットスター 蛯名正義　中野栄治(美浦)	重賞2着4回と惜敗続きの馬が、前年秋に本格化。4連勝、重賞3連勝でGI制覇。ダミスター産駒、唯一のJRAGI勝ち馬。
桜花賞 4月8日　阪神　芝1600m	テイエムオーシャン 本田優　西浦勝一(栗東)	先行抜け出しで後続を突き放し完勝。3連勝でGI2勝目。ダンシングブレーヴ産駒は、キョウエイマーチ以来の桜花賞制覇。
皐月賞 4月15日　中山　芝2000m	アグネスタキオン 河内洋　長浜博之(栗東)	4戦全勝で一冠奪取。アグネスフライトと兄弟で2年連続クラシック制覇の偉業も、2週間後に故障が判明。夏に引退、種牡馬入り。
天皇賞・春 4月29日　京都　芝3200m	テイエムオペラオー 和田竜二　岩元市三(栗東)	大阪杯で連勝が8で止まるも巻き返し、史上初の天皇賞3連覇を達成。GI7勝はシンボリルドルフ以来で、当時の史上最多勝タイ。
NHKマイルカップ 5月6日　東京　芝1600m	クロフネ 武豊　松田国英(栗東)	断然人気に応えてGI初勝利。フレンチデピュティ産駒の外国産馬によるワンツーも、以後19年間、外国産馬が勝てないレースに。

優駿牝馬（オークス）
5月20日　東京　芝2400m
レディパステル
K・デザーモ　田中清隆（美浦）
外国人騎手初のクラシック制覇。トニービン産駒3頭目のオークス馬に。ライトカラー以来12年ぶりとなる、フローラS組の勝利。

東京優駿（日本ダービー）
5月27日　東京　芝2400m
ジャングルポケット
角田晃一　渡辺栄（栗東）
トニービン産駒が2週連続GⅠ勝利。角田騎手、渡辺調教師、齊藤オーナーは、フジキセキの無念を晴らす悲願のダービー制覇。

安田記念
6月3日　東京　芝1600m
ブラックホーク
横山典弘　国枝栄（美浦）
GⅠ勝利は1年半ぶり。マイル戦勝利は、実に3年ぶり。2着に15番人気のブレイクタイムが粘り込み、馬連12万円超の大波乱。

宝塚記念
6月24日　阪神　芝2200m
メイショウドトウ
安田康彦　安田伊佐夫（栗東）
1年前の当レース以降、GⅠでテイエムオペラオーの2着に敗れること5回。ついにリベンジを果たし、悲願のGⅠ初制覇。

スプリンターズステークス
9月30日　中山　芝1200m
トロットスター
蛯名正義　中野栄治（美浦）
安田記念で14着大敗も、直行策が功を奏し、春秋スプリントGⅠ統一。サクラバクシンオーのコースレコードを7年ぶりに更新。

秋華賞
10月14日　京都　芝2000m
テイエムオーシャン
本田優　西浦勝一（栗東）
オークス3着からの直行でリベンジを果たし、二冠達成。牝馬の世代最強馬を証明。竹園オーナーは、所有馬が2年間でGⅠ9勝。

菊花賞
10月21日　京都　芝3000m
マンハッタンカフェ
蛯名正義　小島太（美浦）
トライアルで4着に敗れ、優先出走権を逃した夏の上がり馬が、直線一気の差し切り勝ち。蛯名騎手は、牡馬クラシック初制覇。

天皇賞・秋
10月28日　東京　芝2000m
アグネスデジタル
四位洋文　白井寿昭（栗東）
クロフネ除外騒動を吹き飛ばす大外一気。最強馬オペラオーを差し切って、GⅠ3勝目。外国産馬の天皇賞制覇は45年ぶり。

エリザベス女王杯
11月11日　京都　芝2200m
トゥザヴィクトリー
武豊　池江泰郎（栗東）
ドバイWC2着の偉業から7カ月半ぶりの実戦。5頭横一線の大接戦を制し、念願のGⅠ初勝利。ローズバドは、3度目のGⅠ2着。

マイルチャンピオンシップ
11月18日　京都　芝1600m
ゼンノエルシド
O・ペリエ　藤澤和雄（美浦）
夏を経て本格化した1600mの日本レコードホルダーが、スプリンターズS10着から巻き返し。藤澤調教師は、当レース4勝目。

ジャパンカップダート
11月24日　東京　ダート2100m
クロフネ
武豊　松田国英（栗東）
武蔵野Sの9馬身差に続き、7馬身差の大楽勝。圧巻の2戦連続日本レコード樹立。今なお、史上最強のダート馬に推す声は多い。

ジャパンカップ
11月25日　東京　芝2400m
ジャングルポケット
O・ペリエ　渡辺栄（栗東）
得意の舞台で、オペラオーを差し切り勝ち。世代交代を強烈にアピール。ダービー馬が、3歳で当レースを勝利したのは史上初。

阪神ジュベナイルフィリーズ
12月2日　阪神　芝1600m
タムロチェリー
O・ペリエ　西園正都（栗東）
グリーングラス以来、青森県産馬のGI勝利は22年ぶり。ペリエ騎手は、3週連続GI勝ち。セクレト産駒、唯一のJRAGI馬。

朝日杯フューチュリティステークス
12月9日　中山　芝1600m
アドマイヤドン
藤田伸二　松田博資（栗東）
アドマイヤベガに続き、名牝ベガから2年ぶり2頭目のGI馬が誕生。重賞勝ち馬は、前年GII勝ちのアドマイヤボス以来3頭目。

有馬記念
12月23日　中山　芝2500m
マンハッタンカフェ
蛯名正義　小島太（美浦）
菊花賞から連勝で世代交代を証明。江田騎手騎乗のシンガリ人気アメリカンボスが2着。サンデーサイレンス産駒は有馬記念初勝利。

中山グランドジャンプ　4月14日　中山4250m　ゴーカイ　横山義行　郷原洋行（美浦）
中山大障害　12月22日　中山4100m　ユウフヨウホウ　今村康成　松元茂樹（栗東）

JRA賞
年度代表馬・最優秀3歳牡馬　**ジャングルポケット**
最優秀2歳牡馬　**アドマイヤドン**
最優秀2歳牝馬　**タムロチェリー**
最優秀3歳牝馬　**テイエムオーシャン**
最優秀4歳以上牡馬　**アグネスデジタル**
最優秀4歳以上牝馬　**トゥザヴィクトリー**
最優秀父内国産馬　**該当馬なし**
最優秀短距離馬　**トロットスター**
最優秀ダートホース　**クロフネ**
最優秀障害馬　**ゴーカイ**
特別賞　**ステイゴールド**

2002年のGI競走

昭和44年以来、連勝馬券が再導入。3連複も発売開始。SS産駒がGI3勝に留まるも、ブライアンズタイム産駒も3勝。秋は、前年に続き外国産馬がインパクトを残すGI勝利。

競走名／開催日	優勝馬／騎手・調教師	短評
フェブラリーS 2月17日　東京　ダート1600m	アグネスデジタル 四位洋文　白井寿昭（栗東）	前走の香港カップに続く怒濤のGI4連勝で、重賞5連勝。芝・ダート、国内外問わず、中距離界を完全制圧。GI通算5勝目。
高松宮記念 3月24日　中京　芝1200m	ショウナンカンプ 藤田伸二　大久保洋吉（美浦）	2走前の準OP山城Sが初芝。そこでビリーヴを破ってから3連勝で、一気のGI制覇。サクラバクシンオー産駒初のGI馬が誕生。
桜花賞 4月7日　阪神　芝1600m	アローキャリー 池添謙一　山内研二（栗東）	地方出身馬としては、オグリローマン以来8年ぶりの桜花賞制覇。デビュー5年目の池添騎手は、GI初勝利がクラシックの大舞台。
皐月賞 4月14日　中山　芝2000m	ノーリーズン B・ドイル　池江泰郎（栗東）	前走の若葉Sで優先出走権を逃すも抽選突破。単勝万馬券の大金星。前年のオークス以来、外国人騎手が2年連続のクラシック勝利。
天皇賞・春 4月28日　京都　芝3200m	マンハッタンカフェ 蛯名正義　小島太（美浦）	日経賞で6着から巻き返しGI3勝目。世代最強を証明した。秋は凱旋門賞に挑戦も13着。レース後、屈腱炎が判明。種牡馬入り。
NHKマイルカップ 5月4日　東京　芝1600m	テレグノシス 勝浦正樹　杉浦宏昭（美浦）	トニービン産駒9頭目のGI馬誕生。そのすべてが、東京競馬場のGIを勝利。デビュー6年目の勝浦騎手は、念願のGI初制覇。

優駿牝馬（オークス）
5月19日　東京　芝2400m
スマイルトゥモロー
吉田豊　勢司和浩（美浦）
ホワイトマズル産駒が、2400mで覚醒。勢司調教師の重賞初勝利（フラワーC）とGⅠ初勝利は、ともに本馬によるもの。

東京優駿（日本ダービー）
5月26日　東京　芝2400m
タニノギムレット
武豊　松田国英（栗東）
GⅠで2戦連続惜敗も、大一番で世代最強を証明。しかし、秋に屈腱炎が判明し種牡馬入り。武豊騎手は、史上初のダービー3勝目。

安田記念
6月2日　東京　芝1600m
アドマイヤコジーン
後藤浩輝　橋田満（栗東）
2度の骨折を克服し、3年半ぶりとなる奇跡のGⅠ2勝目。デビュー11年目の後藤騎手は喜び爆発。涙のうれしいGⅠ初勝利。

宝塚記念
6月23日　阪神　芝2200m
ダンツフレーム
藤田伸二　山内研二（栗東）
GⅠ2着3度の善戦マンが、ツルマルボーイとのマッチレースを制しGⅠ初勝利。ブライアンズタイム産駒は、この春GⅠ3勝目。

スプリンターズステークス
9月29日　新潟　芝1200m
ビリーヴ
武豊　松元茂樹（栗東）
夏に本格化した牝馬が、4連勝でタイトル獲得。SS産駒、初のスプリントGⅠ勝利。新潟競馬初のGⅠ開催に現地は大盛り上がり。

秋華賞
10月13日　京都　芝2000m
ファインモーション
武豊　伊藤雄二（栗東）
ピルサドスキーを兄に持つ良血。新馬戦からローズSまで4戦すべて楽勝。GⅠでも変わらずライバルを圧倒し、無敗でGⅠ初制覇。

菊花賞
10月20日　京都　芝3000m
ヒシミラクル
角田晃一　佐山優（栗東）
1番人気の皐月賞馬ノーリーズンが、スタートで落馬するアクシデントで大波乱。サッカーボーイ産駒、2頭目の菊花賞馬誕生。

天皇賞・秋
10月27日　中山　芝2000m
シンボリクリスエス
岡部幸雄　藤澤和雄（美浦）
中山で代替開催。古馬を撃破しGⅠ初勝利。当時53歳11カ月の岡部騎手は、2021年現在、JRAGⅠ史上最高齢勝利記録。

エリザベス女王杯
11月10日　京都　芝2200m
ファインモーション
武豊　伊藤雄二（栗東）
先輩牝馬との戦いにも完勝し、デビューから6連勝。古馬混合GⅠを無敗で制したのは史上初の快挙。2021年現在でも3頭のみ。

マイルチャンピオンシップ
11月17日　京都　芝1600m
トウカイポイント
蛯名正義　後藤由之（美浦）
トウカイテイオー産駒初のGⅠ馬。シンボリルドルフから父仔3代GⅠ勝利の偉業も達成。後藤調教師は、開業7年目でGⅠ初勝利。

ジャパンカップダート
11月23日　中山　ダート1800ｍ
イーグルカフェ
L・デットーリ　小島太（美浦）

デットーリマジックが炸裂。前年のクロフネに続き、芝・ダートGⅠ制覇。2着リージェントブラフで、馬単12万円の大波乱。

ジャパンカップ
11月24日　中山　芝2200ｍ
ファルブラヴ
L・デットーリ　L・ダウリア（伊国）

デットーリ騎手は、史上初の2日連続JRAGⅠ勝ち。当レース2勝目。2021年現在、イタリア調教馬唯一のJRAGⅠ勝利。

阪神ジュベナイルフィリーズ
12月1日　阪神　芝1600ｍ
ピースオブワールド
福永祐一　坂口正大（栗東）

完勝でデビュー4連勝を飾るも、翌2月に故障。復帰後6戦するも、勝利は叶わず。千代田牧場生産馬は、この年GⅠ2勝目。

朝日杯フューチュリティステークス
12月8日　中山　芝1600ｍ
エイシンチャンプ
福永祐一　瀬戸口勉（栗東）

キャリア9戦目の叩き上げ。前週、3年ぶりにJRAGⅠ勝利の福永騎手は、2歳GⅠを連勝。ミシエロ産駒、唯一のJRAGⅠ馬。

有馬記念
12月22日　中山　芝2500ｍ
シンボリクリスエス
O・ペリエ　藤澤和雄（美浦）

〝伏兵〟タップダンスシチーをゴール寸前で捉え、堂々と現役最強馬の座に。1番人気ファインモーションは失速。5着で初黒星。

中山グランドジャンプ　4月13日　中山4250ｍ　セントスティーヴン　C・ソーントン　J・ウィーラー（豪）

中山大障害　12月21日　中山4100ｍ　ギルデッドエージ　R・ロケット　松元茂樹（栗東）

JRA賞

年度代表馬・最優秀3歳牡馬　**シンボリクリスエス**
最優秀2歳牡馬　**エイシンチャンプ**
最優秀2歳牝馬　**ピースオブワールド**
最優秀3歳牝馬　**ファインモーション**
最優秀4歳以上牡馬　**マンハッタンカフェ**
最優秀4歳以上牝馬　**ダイヤモンドビコー**
最優秀父内国産馬　**トウカイポイント**
最優秀短距離馬　**アドマイヤコジーン**
最優秀ダートホース　**ゴールドアリュール**
最優秀障害馬　**ギルデッドエージ**

2003年のGI競走

メジロラモーヌ以来、17年ぶりに牝馬の三冠馬が誕生。
一方、牡馬は縦縞の勝負服が躍動して三冠を独占。
秋の長距離GIでは、過去にあまり見られなかった圧勝劇が連発。

競走名／開催日	優勝馬／騎手・調教師	短評
フェブラリーS 2月23日　中山　ダート1800m	ゴールドアリュール 武豊　池江泰郎（栗東）	マッチレースを制してGI4勝目。夏に喘鳴症で引退したため、これが中央唯一のGI勝ちも、後にダートのスーパーサイヤーに。
高松宮記念 3月30日　中京　芝1200m	ビリーヴ 安藤勝己　松元茂樹（栗東）	前哨戦で9着大敗も巻き返し、秋春スプリントGIを連勝。地方笠松から中央に移籍した安藤勝己騎手は、1カ月弱でGI初制覇。
桜花賞 4月13日　阪神　芝1600m	スティルインラブ 幸英明　松元省一（栗東）	チューリップ賞で2着に敗れるも、本番で雪辱し桜の女王戴冠。超良血アドマイヤグルーヴは、出遅れが響き、追い込むも3着まで。
皐月賞 4月20日　中山　芝2000m	ネオユニヴァース M・デムーロ　瀬戸口勉（栗東）	スプリングSに続いてサクラプレジデントとのマッチレースを制し、一冠奪取。M・デムーロ騎手の、記念すべきJRAGI初勝利。
天皇賞・春 5月4日　京都　芝3200m	ヒシミラクル 角田晃一　佐山優（栗東）	叩いて良くなる菊花賞馬が春3戦目で変身し、淀の舞台で再び激走。GI2勝目。2着はリアルシャダイ産駒のサンライズジェガー。
NHKマイルカップ 5月11日　東京　芝1600m	ウインクリューガー 武幸四郎　松元茂樹（栗東）	後方に控える人気馬たちを尻目に、積極的な位置取りから押し切り完勝。7歳で障害に転向。ディープインパクトと同じ牝系の出身。

優駿牝馬（オークス）
5月25日　東京　芝2400m
スティルインラブ
幸英明　松元省一（栗東）
再び1番人気をアドマイヤグルーヴに譲るも、完勝で二冠達成。松元省一師・茂樹師の兄弟は、管理馬がともにこの春GI2勝。

東京優駿（日本ダービー）
6月1日　東京　芝2400m
ネオユニヴァース
M・デムーロ　瀬戸口勉（栗東）
道悪をものともせず、ライバル2頭との接戦を制し、牡馬も二冠馬が誕生。デムーロ騎手は、来日5年目でダービージョッキーに。

安田記念
6月8日　東京　芝1600m
アグネスデジタル
四位洋文　白井寿昭（栗東）
前走で久々の実戦を叩かれ上昇。4年連続GI勝利の偉業。GI通算6勝目で、芝のマイルGI制覇は、マイルCS以来2年半ぶり。

宝塚記念
6月29日　阪神　芝2200m
ヒシミラクル
角田晃一　佐山優（栗東）
超豪華メンバーの一戦で3度目の奇跡。杉本清アナの「またまたミラクル」の実況はあまりにも有名。2億円おじさんの登場も話題に。

スプリンターズステークス
10月5日　中山　芝1200m
デュランダル
池添謙一　坂口正大（栗東）
JRAのスプリントGI3連覇を狙ったビリーヴをゴール寸前で差し切り。重賞初勝利がGI制覇の快挙。SS産駒が1～3着独占。

秋華賞
10月19日　京都　芝2000m
スティルインラブ
幸英明　松元省一（栗東）
ローズSで5着敗戦も、叩かれて上昇。アドマイヤグルーヴの追撃を4分の3馬身抑え、17年ぶり史上2頭目の牝馬三冠を達成。

菊花賞
10月26日　京都　芝3000m
ザッツザプレンティ
安藤勝己　橋口弘次郎（栗東）
ネオユニヴァースの三冠制覇を阻んだのは、同じ勝負服のダービー3着馬。ダンスインザダークに続き、父仔2代で菊花賞制覇。

天皇賞・秋
11月2日　東京　芝2000m
シンボリクリスエス
O・ペリエ　藤澤和雄（美浦）
5着に敗れた宝塚記念から直行。コースレコードで、史上初の天皇賞・秋連覇。アグネスデジタルから、外国産馬が当レース3連覇。

エリザベス女王杯
11月16日　京都　芝2200m
アドマイヤグルーヴ
武豊　橋田満（栗東）
クラシックで連敗を喫したスティルインラブとの接戦を制し、リベンジ完遂。ダイナカールから、母娘3代GI制覇の偉業も達成。

マイルチャンピオンシップ
11月23日　京都　芝1600m
デュランダル
池添謙一　坂口正大（栗東）
4角15番手から末脚一閃で差し切り勝ち。スプリンターズSと連勝は、97年のタイキシャトル以来（当時は施行順が逆）2頭目。

ジャパンカップダート
11月29日　東京　ダート2100m
フリートストリートダンサー
J・コート　D・オニール（米国）
極悪馬場の中、アドマイドンと叩き合い。最後は差し返し勝利。2021年現在、JRAのダートGI唯一の海外調教馬による勝利。

ジャパンカップ
11月30日　東京　芝2400m
タップダンスシチー
佐藤哲三　佐々木晶三（栗東）
前年の有馬記念で逃げて好走し本格化。成績も安定。広い府中を一人旅で、9馬身差圧勝。GI初制覇を、ド派手な勝ち方で飾る。

阪神ジュベナイルフィリーズ
12月7日　阪神　芝1600m
ヤマニンシュクル
四位洋文　浅見秀一（栗東）
2カ月ぶりの休み明けをクリアし、ゴール前で同馬主、同調教師のヤマニンアルシオンを差し切り。テイオー産駒2頭目のGI馬。

朝日杯フューチュリティステークス
12月14日　中山　芝1600m
コスモサンビーム
D・バルジュー　佐々木晶三（栗東）
1番人気のメイショウボーラーを差し切り、3連勝で2歳王者に輝く。同馬主のコスモバルクも、同じザグレブ産駒で大ブレイク。

有馬記念
12月28日　中山　芝2500m
シンボリクリスエス
O・ペリエ　藤澤和雄（美浦）
3歳3強とタップダンスシチーをぶっちぎり、9馬身差でJCの倍返し。レコードで史上4頭目の連覇達成。最高の花道を飾った。

中山グランドジャンプ　4月19日　中山4250m　ビッグテースト　常石勝義　中尾正（栗東）

中山大障害　12月27日　中山4100m　積雪のため中止

JRA賞

年度代表馬・最優秀4歳以上牡馬　**シンボリクリスエス**
最優秀2歳牡馬　**コスモサンビーム**
最優秀2歳牝馬　**ヤマニンシュクル**
最優秀3歳牡馬　**ネオユニヴァース**
最優秀3歳牝馬　**スティルインラブ**

最優秀4歳以上牝馬　**ビリーヴ**
最優秀父内国産馬　**ヒシミラクル**
最優秀短距離馬　**デュランダル**
最優秀ダートホース　**アドマイヤドン**
最優秀障害馬　**ビッグテースト**

2004年のGI競走

地方出身・所属、外国人騎手が大暴れ。ジャパンC当日のゴールデンジュビリーデーは、JRA史上初、GIが同一日に2レース開催も、年間売上は15年ぶりに3兆円を切る。

競走名／開催日	優勝馬／騎手・調教師	短評
フェブラリーS 2月22日　東京　ダート1600m	アドマイヤドン 安藤勝己　松田博資(栗東)	4度目の挑戦で、念願だったJRAのダートGIを制覇。中央の芝ダートGI勝利は、イーグルカフェ以来、史上4頭目の快挙。
高松宮記念 3月28日　中京　芝1200m	サニングデール 福永祐一　瀬戸口勉(栗東)	重賞5勝目をGI初制覇で飾り、前年2着の雪辱を果たす。当時、中京競馬場で行なわれていたスプリント重賞完全制覇の偉業達成。
桜花賞 4月11日　阪神　芝1600m	ダンスインザムード 武豊　藤澤和雄(美浦)	4角先頭から危なげなく抜け出し、人気に応えて快勝。藤澤調教師は、クラシック初制覇。姉兄妹3頭目のクラシック勝ち馬に。
皐月賞 4月18日　中山　芝2000m	ダイワメジャー M・デムーロ　上原博之(美浦)	スプリングS3着から一気の下剋上。コスモバルクの追撃を抑え、芝の初勝利をクラシックの大舞台で挙げる。デムーロ騎手は連覇。
天皇賞・春 5月2日　京都　芝3200m	イングランディーレ 横山典弘　清水美波(美浦)	前走地方交流重賞2着から異例のローテ。4歳四強を尻目に、横山典弘騎手の大逃げマジックが炸裂。単勝71倍の波乱を演出。
NHKマイルカップ 5月9日　東京　芝1600m	キングカメハメハ 安藤勝己　松田国英(栗東)	皐月賞には目もくれず、毎日杯から直行し5馬身差の圧勝。第1回のタイキフォーチュンのレースレコードを、8年ぶりに更新。

優駿牝馬（オークス）
5月23日　東京　芝2400m
ダイワエルシエーロ
福永祐一　松田国英（栗東）
断然人気に推された桜花賞馬を尻目に逃げ切り、樫の女王を戴冠。オークスでの逃げ切り勝ちは、イソノルーブル以来13年ぶり。

東京優駿（日本ダービー）
5月30日　東京　芝2400m
キングカメハメハ
安藤勝己　松田国英（栗東）
早目抜け出しからハーツクライの追撃を封じ、ついに〝マックニローテ〟を体現。その松田国英調教師は、3週間でGⅠ3連勝。

安田記念
6月6日　東京　芝1600m
ツルマルボーイ
安藤勝己　橋口弘次郎（栗東）
2000m以上のGⅠで2着3回。シルバーコレクターGⅠ初制覇の舞台は、東京のマイル戦。安藤勝己騎手は、2週連続GⅠ勝ち。

宝塚記念
6月27日　阪神　芝2200m
タップダンスシチー
佐藤哲三　佐々木晶三（栗東）
3コーナー先頭から押し切る会心の勝利。阪神で行なわれた宝塚記念のレースレコードをマークし、グランプリ初制覇。GⅠ2勝目。

スプリンターズステークス
10月3日　中山　芝1200m
カルストンライトオ
大西直宏　大根田裕之（栗東）
ウォーニング産駒がスプリントGⅠ連勝。2021年現在、ゴドルフィンアラビアンを始祖とする種牡馬の産駒最後のJRAGⅠ馬。

秋華賞
10月17日　京都　芝2000m
スイープトウショウ
池添謙一　鶴留明雄（栗東）
ヤマニンシュクルとの差し比べを制し、念願のGⅠ初制覇。鶴留調教師は、タヤスツヨシのダービー以来、9年ぶりのGⅠ勝利。

菊花賞
10月24日　京都　芝3000m
デルタブルース
岩田康誠　角居勝彦（栗東）
岩田騎手は、地方所属騎手として初のGⅠ勝利。2年後に、メルボルンカップも制する偉業。ダンスインザダーク産駒は菊花賞連覇。

天皇賞・秋
10月31日　東京　芝2000m
ゼンノロブロイ
O・ペリエ　藤澤和雄（美浦）
6度目のGⅠ挑戦で初勝利。ダンスインザムードと藤澤厩舎のワンツー。藤澤師は当レース3連覇、ペリエ騎手は2連覇の偉業達成。

エリザベス女王杯
11月14日　京都　芝2200m
アドマイヤグルーヴ
武豊　橋田満（栗東）
天皇賞3着からの中1週をものともせず、3歳勢や同期の三冠牝馬を一蹴して連覇達成。武豊騎手は、当レース4連覇の大偉業。

マイルチャンピオンシップ
11月21日　京都　芝1600m
デュランダル
池添謙一　坂口正大（栗東）
春秋スプリントGⅠはともに2着惜敗も、京都の外回りで再び末脚一閃。4角13番手から追込みを決め、レース史上4頭目の連覇。

ジャパンカップダート
11月28日　東京　ダート2100ｍ
タイムパラドックス
武豊　松田博資（栗東）
JRA史上初、同日にGⅠ2レース開催のGジュビリーデー。開幕を飾ったのは武豊騎手。松田博資調教師管理馬がワンツー。

ジャパンカップ
11月28日　東京　芝2400ｍ
ゼンノロブロイ
O・ペリエ　藤澤和雄（美浦）
4歳春まで勝ちきれなかったのが嘘のような完勝でGⅠ連勝。若き日のルメール騎手が騎乗したコスモバルクが差し返し、2着確保。

阪神ジュベナイルフィリーズ
12月5日　阪神　芝1600ｍ
ショウナンパントル
吉田豊　大久保洋吉（美浦）
ゴール前3頭横一線の大接戦を制して、2歳女王の座に。吉田豊騎手のここまでのGⅠ8勝中6勝は、大久保洋吉調教師の管理馬。

朝日杯フューチュリティステークス
12月12日　中山　芝1600ｍ
マイネルレコルト
後藤浩輝　堀井雅広（美浦）
前走の京王杯2歳Sで初黒星を喫するも、見事に巻き返してレコード勝ち。チーフベアハート産駒として、初のJRAGⅠ勝ち馬。

有馬記念
12月26日　中山　芝2500ｍ
ゼンノロブロイ
O・ペリエ　藤澤和雄（美浦）
凱旋門賞帰りのタップダンスシチーとの一騎打ちを制し、圧巻の日本レコードで勝利。史上2頭目となる、秋古馬三冠の偉業達成。

中山大障害　1月10日　中山4100ｍ　ブランディス　大江原隆　藤原辰雄（美浦）
中山グランドジャンプ　4月17日　中山4250ｍ　ブランディス　大江原隆　藤原辰雄（美浦）
中山大障害　12月25日　中山4100ｍ　メルシータカオー　出津孝一　武宏平（栗東）

JRA賞

年度代表馬・最優秀4歳以上牡馬　ゼンノロブロイ
最優秀2歳牡馬　マイネルレコルト
最優秀2歳牝馬　ショウナンパントル
最優秀3歳牡馬　キングカメハメハ
最優秀3歳牝馬　ダンスインザムード
最優秀4歳以上牝馬　アドマイヤグルーヴ
最優秀父内国産馬　デルタブルース
最優秀短距離馬　デュランダル
最優秀ダートホース　アドマイヤドン
最優秀障害馬　ブランディス
特別賞（特別敢闘賞）　コスモバルク

おわりに

小川隆行さんと「ウマフリ」とで共に製作してきました『競馬　伝説の名勝負』シリーズも、本書で3冊目となりました。シリーズ全てを揃えてくださっている方も、たまたま手にしてくださった方も、ご縁に感謝いたします。本当にありがとうございました。

シリーズ3冊目ともなると、オグリキャップが引退した1990年から15年もの歳月が流れたことになりますから、競馬界の雰囲気も随分と変わっています。私もこの頃には、生意気にも競馬評論家を気取ったことを言い始めるような中学生になっていました。稀代の名種牡馬サンデーに負けじと、2000年代にも多くの種牡馬が輸入されます。私が導入時に「絶対に成功する！」と豪語していたラムタラの日本における初年度産駒がデビューしたのも、00年でした。さらに大きな変化は、国内で走った馬たちの、引退後の活躍でしょう。

シリーズ1冊目で紹介した名勝負の勝ち馬を振り返ると、オグリキャップ、メジロパーマー、ビワハヤヒデ、ナリタブライアンなど、競走馬としては成功した紛れもない名馬であっても種牡馬としてはそこまでブレイクしなかった馬が多いです。もちろんテイオーのようにポテンシャルを発揮した馬や、ドーベルを送り出したライアン、サンデー初年度産駒フジキセキといった馬もいます。それにメジロマックイーンはオルフェーヴル、ゴールドシップらの母父として名を残すでしょうし、サクラバクシンオーも父系を繋げてくれると信じています。

ただ、本書でご紹介した牡馬たちは、その多くが名種牡馬としてキャリアを築き上げたと言ってよいでしょう。筆頭は、内国産馬として51年ぶりのリーディングサイアーを獲得したアグネスタキオン。そのライバルだったクロフネ、ジャングルポケットもGI馬を複数送り出す人気種牡馬となりました。ステイゴールドは三冠馬を輩出し、タニノギムレットは牝馬のダービー馬を輩出、ネオユニヴァースは皐月賞とダービーで父子制覇を達成。キングカメハメハとシンボリクリスエスは、種牡馬の父としても優秀な存在として信頼を集めることになりました。日本競馬界はなかなか父系が繋がらないとされていた頃が嘘のようです。これも、多くの競馬関係者の方々によるご尽力の賜物でしょう。私のような競馬少年が競馬により一層のロマンを感じられたのも、そうした血統の繋がりを発見する場面がいくつもあったおかげだと思います。ゲームやアニメなどで新しく競馬ファンとなった方々も、かなりの場合がその馬と血統的な繋がりを持つ馬を見つけられるのではないでしょうか。

『競馬　伝説の名種牡馬』シリーズでは90年代前半戦に小説家の早見和真先生が、90年代後半戦に小川さんがそれぞれ「名馬で打線」を組んでいます。その流れを受け継ぎつつ、小川さんの考えた「サンデー産駒のベストナイン」に対抗して、サンデー系と熾烈な争いを繰り広げた「非サンデー産駒（種牡馬）のベストナイン」を考えてみました。監督はトウカイテイオー、ヘッドコーチはメジロライアンといったところでしょうか。

1番　セカンド　サクラバクシンオー（スピードスター）
2番　ショート　タイキシャトル（バクシンオーとの二遊間）
3番　サード　キングカメハメハ（万能タイプ）
4番　ファースト　シンボリクリスエス（ホームランバッター）
5番　キャッチャー　クロフネ（走攻守三拍子が揃う）
6番　ライト　グラスワンダー（次に繋げる適時打）
7番　レフト　エルコンドルパサー（国際試合で大活躍）
8番　センター　キングヘイロー（同期と外野を守る）
9番　ピッチャー　ジャングルポケット（ストレートが速い）

こうして並べると壮観ですね。彼らの産駒が活躍する00年代後半戦も、どうぞお楽しみに！

緒方きしん

執筆者紹介（五十音順）

浅羽晃 あさば・あきら

編集プロダクション勤務を経て1993年よりフリーライター。競馬は1983年秋から始め、タイミングよく翌年グレード制に移行。好きな馬は天才少女ダスゲニー。

五十嵐有希 いがらし・ゆき

編集者。別冊宝島の競馬シリーズや、騎手・調教師の著書などを担当。20代の頃に通い詰めた後楽園場外は心のふるさと。現在はフリーランスで書籍、ムック、広告、ウェブ等の編集に携わる。

大嵜直人 おおさき・なおと

文筆家、心理カウンセラー。サラブレッドを通じて世界の美しさを描くことをライフワークにしており、2018年より競馬コラムサイト『ウマフリ』に寄稿を続けている。

緒方きしん おがた・きしん

1990年北海道生まれ。競馬コラムサイト『ウマフリ』の代表を務める。『netkeiba』、『競馬の天才!』、『SPAIA』などに寄稿。好きな馬はレオダーバンなど。

小川隆行 おがわ・たかゆき

1966年千葉県生まれ。牡55。ライター&編集者。バーテンダーや運送業などを経て競馬雑誌編集者になる。以来30年にわたり騎手や調教師、予想家に取材を重ねてきた。

勝木淳 かつき・あつし

競馬ライター。優駿エッセイ賞2016グランプリ受賞。『SPAIA』、競馬コラムサイト『ウマフリ』、競馬雑誌『優駿』などに寄稿。Yahoo!ニュース公式コメンテーター。

久保木正則 くぼき・まさのり

1997年日刊競馬新聞社に入社後、1年間の編集部勤務を経て美浦支局へ配属。調教タイムを採りつつ、その動きを見極める日々を送る。グリーンチャンネルパドック解説者。

齋藤翔人 さいとう・とびと

京都府出身。大学卒業後、サラリーマン生活を10年以上送るも、競馬に関わる仕事がしたい気持ちを抑えきれず脱サラ。競馬コラムサイト『ウマフリ』で重賞回顧を連載中。

榊俊介 さかき・しゅんすけ

1984年東京生まれ。アメリカ留学経験あり。酒を飲みながらの競馬談義が心の栄養。柴田善臣騎手のクラシック制覇を夢見る。

並木ポラオ なみき・ぽらお

馬券とはまた別の競馬の魅力を伝えたい思いから、2019年秋より『ウマフリ』に寄稿。ビッグテーストの走りを観て以来、ジャンプレースにも心酔している。

成瀬琴 なるせ・こと

茨城県出身。鹿戸雄一調教師の長女。2020年6月から馬事文化応援アイドル『桜花のキセキ』に加入し、各種のイベントや競馬関連のチャンネルなど多方面で活動中。

橋本祐介 はしもと・ゆうすけ

1982年生まれのコピーライター。中学生時代に競馬と出会い、以後ファン歴は25年を超える。コラムサイト『ハシスポ』を運営する傍ら『ウマフリ』にも寄稿。好きな馬はスティルインラブとゴールドシップ。

秀間翔哉 ひでま・さねちか

1997年生まれ。ビワハヤヒデに競馬を学び、デュランダルに心を奪われ、ハルーワソングの牝系を追い続ける1人の競馬ファン。現在は主に『ウマフリ』への寄稿により競馬への思いを語る

福嶌弘 ふくしま・ひろし

1984年生まれ。小学生の頃に見たスペシャルウィークに惹かれて以来、競馬にのめり込む毎日を過ごすように。バイク・クルマ誌の編集者を経て競馬をメインとしたスポーツ系のライターに。

和田章郎 わだ・あきお

1961年生まれ。大学卒業後に中央競馬専門誌ケイバブックに入社。「競馬こそ究極のエンターテインメント」がモットー。

星海社新書 20

競馬《けいば》伝説《でんせつ》の名勝負《めいしょうぶ》 2000-2004 ゼロ年代前半戦《ねんだいぜんはんせん》

二〇二一年一〇月二五日 第一刷発行

編著者 小川隆行《おがわたかゆき》＋ウマフリ

発行者 太田克史《おおたかつし》
編集担当 持丸剛《もちまるつよし》

アートディレクター 吉岡秀典《よしおかひでのり》（セプテンバーカウボーイ）
デザイナー 榎本美香《えのもとみか》
フォントディレクター 紺野慎一《こんのしんいち》
校閲 鷗来堂《おうらいどう》

発行所 株式会社星海社
〒一一二-〇〇一三
東京都文京区音羽一-一七-一四 音羽YKビル四階
電話 〇三-六九〇二-一七三〇
FAX 〇三-六九〇二-一七三一
https://www.seikaisha.co.jp/

発売元 株式会社講談社
〒一一二-八〇〇一
東京都文京区音羽二-一二-二一
(販売) 〇三-五三九五-五八一七
(業務) 〇三-五三九五-三六一五

印刷所 凸版印刷株式会社
製本所 株式会社国宝社

ISBN978-4-06-525803-3
Printed in Japan

200
SEIKAISHA SHINSHO